日本の火山に登る

火山学者が教えるおもしろさ

及川輝樹　山田久美

まえがき

日本は火の国、111もの活火山をかかえる火山大国だ。今から1400年前の7世紀に記された中国の歴史書『隋書倭国伝』にも、阿蘇山の噴火の様子が記されており、日本が活動的な火山をかかえる国であることは、古くから海外にも知られている。

当然、日本列島の山々には、火山が多く、登山対象となっているものもたくさんある。国内の火山が噴火したことを伝えるニュースはしばしば目にするし、噴気孔や火口、温泉など、登山のさなかに火山活動を実感できる場も数多い。火山に登れるということは、他国にはない日本の登山の大きな個性といえる。しかし、登山者向けの解説や、火山登山の楽しみ、危険な噴火に遭遇する可能性を減らすための方法などを記したものは残念ながら少ないようだ。そのような背景から、登山者に火山に登る楽しみや危険を避ける方法を伝えるために生まれたのが本書である。海外にも登山対象となっている火山はあるが、本書は日本の火山を中心にその楽しみを紹介する。なお、科学的に正確でかつ一般の方にもわかりやすくするため、火山の研究者である及川と科学技術ジャーナリストの山田が共同で執筆した。本書は、4章の構成となっており、第1～2章は及川・山田が、第3

〜4章は及川が執筆を担当している。各章の構成は以下のとおりである。

1章では、日本列島にいかに多くの火山があるのかを紹介し、その理由や、火山の噴火のメカニズム、火山によってつくられる岩石などについて解説する。また、火山ではないが意外な山も火山に関係があることも紹介する。

2章では、火山を意識することで登山がもっと楽しくなることを紹介する。また、ライチョウやコマクサなどの一見火山と関係がないものも、実は火山と深いかかわりがあることも解説する。

一転して3章では、火山の危険を避けるための方法を紹介する。登山者は火口近くまで登ることから、突発的な噴火に巻き込まれる可能性は、少ないながらもあるのだが、そのリスクを減らすためには、いかにすればよいのかを解説する。また、噴火以外の危険、火山ガスについても説明する。

4章では、11の登山対象になっている火山について、どんな楽しみがあるのかを紹介する。どんな噴火によってつくられ、どんな見どころがあるのか、各火山について具体的に記しているのが、本章だ。

昨今、国内のみならずハワイやニュージーランド、フィリピンなどでの噴火のニュースも耳にするが、本書を通じて火山登山を安全かつ知的好奇心に富んだ楽しいものにしていただければ幸いである。

日本の火山に登る　火山学者が教えるおもしろさ　目次

第1章　日本の山のほとんどは火山

第2章

火山に登る楽しみ

第3章

火山に安全に登るには

第4章　火山学者の視点で火山を歩く

第1章

日本の山のほとんどは火山

あなたの登る山も火山

2万5000分の1の地形図に掲載されている日本の山の数は1万6667。日本はまさに山の国だ。

登山をする人には有名な深田久弥《ふかたきゅうや》著の『日本百名山』には、その名のとおり、この多くの日本全国の山々の中から筆者が独自の視点で厳選した100の山が紹介されている。

現在、気象庁が認定する活火山は111。一方、『日本百名山』で紹介されている山のうち51が火山であり、さらにそのうちの33が活火山である。気象庁が24時間監視している防災上重要な活火山はそのうち26火山にもなる（**図1-1**）。

そのためか、『日本百名山』の中には、火山についての記述も多い。浅間山と阿蘇山は、日本を代表する火山として取り上げられているし、焼《やけ》岳は、個性の一つとして活火山であることをあげて百名山として選んでいる。また、阿寒《あかん》岳の項では、雌《め》阿寒にも登りたかったのに、噴火中で登れず、雄阿寒《お》しか登れなかったことが残念そうに書かれている。

こうして『日本百名山』からも伺えるように、日本は世界でも有数の火山活動が活発な地域であり、この火山活動が今日の風光明媚な日本の景色をつくっているといっても過言ではない。実際、日本の国立公園や国定公園には多くの火山が含まれており、32ヶ所ある国立公園のうち21ヶ所に火山が、51ヶ所の国定公園のうち14ヶ所に火山が、さらにそのうちの8ヶ所に活火山が含まれている。

また、日本の高い峰は火山であることが多い。日本列島の標高２７００ｍ以上の山域は、日本アルプスを除くと、富士山（３７７６ｍ）、御嶽山《おんたけ》（３０６７ｍ）、八ヶ岳（２８９９ｍ）と白山《はくさん》（２７０２ｍ）のみだが、これらはいずれも火山だ。ことに富士山、御嶽山、白山は活火山で、江戸時代以降の噴火記録が残る。標高２７００ｍを下回るが、八ヶ岳連峰中の北八ヶ岳の北横岳は活火山だ。さらに、各地の高峰も火山であることが多い。たとえば、北海道の最高峰である大雪山の旭岳（２２２１ｍ）、東北地方の高峰である鳥海山《ちょうかい》（２２３６ｍ）、岩手山（２０８３ｍ）、燧ヶ《ひうち》岳（２３５６ｍ）、北関東以北の最高峰である日光白根山（２５７８ｍ）、中国地方最高峰の大山《だいせん》（１７２９ｍ）など、いずれも火山だ。このように、日本の山は火山だらけであり、火山を避けて山登りを楽しむことは難しいといえるだろう。

火山には富士山を筆頭に美しい形をした山が多く、独立峰をなすことも少なくない。北海道の利

図1-1　日本百名山と火山

第四紀の火山岩でつくられている山も火山としている

越後駒ヶ岳
火打山
平ヶ岳
会津駒ヶ岳
雨飾山
妙高山
巻機山
燧ヶ岳
至仏山
谷川岳
高妻山
白馬岳
苗場山
五竜岳
男体山
剱岳
鹿島槍ヶ岳
武尊山
立山
草津白根山
皇海山
薬師岳
水晶岳（黒岳）
四阿山
日光白根山
黒部五郎岳
鷲羽岳
槍ヶ岳
笠ヶ岳
赤城山
常念岳
浅間山
焼岳
穂高岳
美ヶ原
乗鞍岳
霧ヶ峰
蓼科山
御嶽山
両神山
八ヶ岳
瑞牆山
木曽駒ヶ岳
甲武信岳
甲斐駒ヶ岳
金峰山
雲取山
空木岳
仙丈ヶ岳
鳳凰山
大菩薩嶺
塩見岳
北岳
間ノ岳
恵那山
赤石岳
悪沢岳
丹沢山
聖岳
富士山
光岳
白山
荒島岳
大山
伊吹山
剣山
大峰山
九重山
石鎚山
阿蘇山
祖母山
大台ヶ原山
霧島山
開聞岳
宮之浦岳

尻岳、羊蹄《ようてい》山（後方羊蹄《しりべし》山）、東北地方の岩木山、岩手山、磐梯《ばんだい》山、中部地方の蓼科《たてしな》山、黒姫山、妙高山、九州の由布《ゆふ》岳、開聞岳など、富士山にたとえられる整った形の火山がたくさんある。

広くのびやかな高原をつくることも多く、火山活動でつくられた湖も多い。長野県の志賀高原や美《うつくし》ヶ原、霧ヶ峰などの高原も火山であるし、摩周湖、十和田湖、蔵王山の御釜《おかま》、中禅寺湖、山中湖、河口湖、芦ノ湖、池田湖などは、火山によってつくられた湖だ。

さらに、火山が噴出した溶岩の末端や硬く固まった火砕流《かさいりゅう》がつくる崖からは、大きな滝が落ちている場合が多く、沢登りのフィールドとしても魅力的だ。登山中や下山後の温泉もまた格別だ。加えて、噴火により森林は破壊されるものの、それが元に戻る過程で生まれる変化に富んだ植生を楽しむことができる。このため火山では、噴火でできた複雑な地形と合わさり、変化に富んだ風景が広がる。活火山の火口の周辺には、噴火活動によってつくられた裸地が広がり、さえぎるもののない雄大な展望も広がる。また活動中の火山を眺めれば、生きている地球も実感できる。

このように、火山には登山の魅力が満載だ。

火山はマグマでできている

そもそも火山とはなんだろう？　「火山」は、火山活動でつくられる地形のことを指す言葉である。噴火によって、地下のマグマが地表または水底に噴出してできた山のことや、マグマが多量に噴出してできた凹《へこ》みのことを「火山」とよぶのだ。なお、多量のマグマが一気に噴出した結果、地下に空洞ができ、そこが陥没してできる大きなくぼみをカルデラとよぶが、これもまた火山だ。

では、火山はいったいどのようにして生まれるのだろうか。火山は、マグマでできている。地下のマグマが上昇し、地表に噴き出し、火山をつくるのだ。このマグマとは溶けた岩石のことである。マグマは含まれる成分の違いから、さまざまな種類のものがあるが、最初のマグマは地下深くのマントルでできていると考えられている。

我々が立っている地球の表面は、地殻とよばれる部分で、硬い岩石でできている。その下側の地球の中心に近い部分には、やはり岩石であるが、温度が高くて少し柔らかいマントルとよばれる層がある。そのマントルをつくっているかんらん岩（橄欖岩）の一部が溶けたものが、最初にできるマグマだと考えられている。このマントルでつくられたマグマが上昇する途中で、自身が変化したり周囲の岩石を溶かしたりすることで、さまざまな種類のマグマがつくられ地表に噴出する。

地球の表面の地殻は、いくつかのプレートに分かれて、それが水平に運動することで、地震などが発生するといった話を聞いたことがあるだろう。また、日本列島はプレートの沈み込み帯に位置するため、地震や火山活動が活発であるといった話も聞いたことがあるかと思う。実際、地震や火山噴火など地球上で起こっている地学的な現象のほとんどは、日本列島のようなプレート境界で起こっている。

日本列島には、北海道から東北、関東、伊豆・小笠原諸島にかけては、東から太平洋プレートが、東海地方から四国・中国、九州、南西諸島にかけては、南および東からフィリピン海プレートが沈み込んでいる。沈み込んでいる場所は、海の底で深い谷となっており、そこはトラフや海溝と名づけられている。日本海溝や南海トラフという言葉を聞いたことがあるかと思うが、それらはプレートが沈み込んでできた海底の谷なのだ。

日本列島はまさに、このプレートの沈み込む位置、沈み込み帯とよばれる地域に位置する。沈み込み帯にあることから、そこでマグマがつくられ、火山が噴き、地震も多いのだ。

しかし、プレートが沈み込むと、なぜ地下のマントルが溶けてマグマがつくられるのだろうか？　現段階では、沈み込み帯でのマグマの発生は、次のように考えられている（図1－2）。まず、

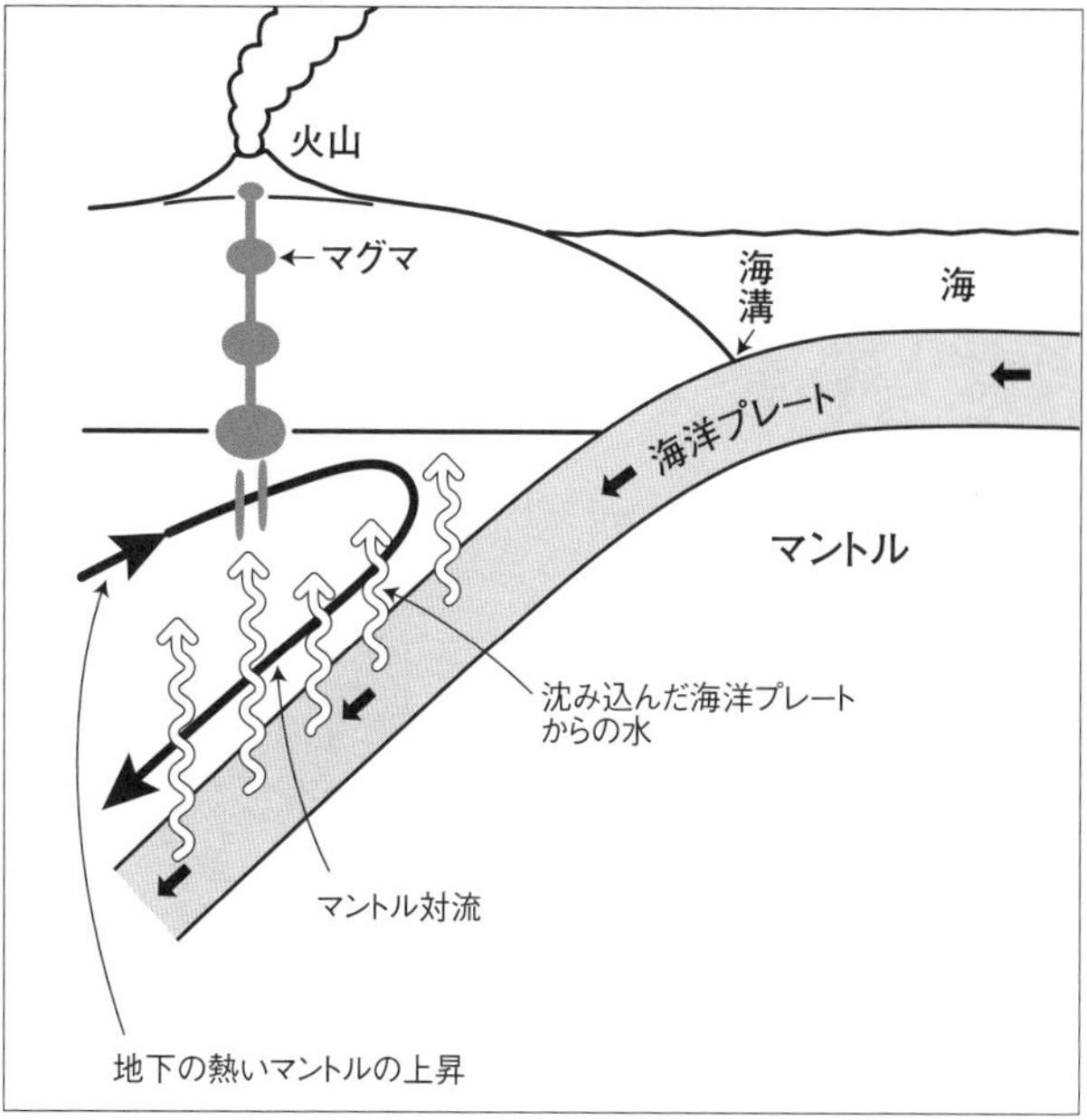

図1-2　沈み込み帯とマグマ生成

海溝から沈み込むプレートの動きにより周囲のマントルも引きずり込まれる。特に、図１－２の左側の地下の三角形の部分のマントルは、プレートとともに、地下に引きずり込まれるが、その反動で、隙間を埋めるように深いところのマントルが上昇してくる。深いところのマントルは高温のため圧力が下がると溶けやすくなるが、通常の沈み込み帯の地下では、圧力が下がっても自身の熱でマントルが溶けるほど高温のマントルは上昇してこない。そのためこのマントルが溶けるには、もう一工夫する必要がある。

実は、沈み込むプレートには、水がたくさん含まれている。プレートが沈み込むと、その水がだんだん絞り出され、周囲に放出される。その水が加わると、氷に塩をかけたように岩石は溶けやすくなる。そのため、プレートから絞り出された水と、高温のマントルが出合うところで、マントルの一部が溶けてマグマが発生するのだ。

そのため、プレートが沈み込んでいるところでは、どこでも火山ができるわけではない。日本列島の火山の分布を見てみても、海溝からある程度離れたところに平行に帯状に分布している（図1-3）。その前縁をつなぐと海溝に平行に線上に並ぶ。この線は火山フロントとよばれ、それより海溝側（専門的には「前弧《ぜんこ》」とよばれる）には火山がなく、反対側（専門的には「背弧《はいこ》」とよばれる）に火山がつくられる。このような火山の分布から、沈み込む海洋プレートの深度が浅い部分ではマグマがつくられないため、火山は形成されないと考えられている。東北地方の脊梁《せきりょう》山地付近には多数の火山があり、それより東側の阿武隈《あぶくま》山地や北上山地に火山がないのは、脊梁山地あたりに火山フロントが通っているからにほかならない。

また、火山フロント付近に多くの火山がつくられることから、火山フロントではマグマの生産が盛んであると考えられている。その一方、火山フロントに対して、海溝とは反対側の領域（背弧側）では、火山の数は多くない。これは、背弧側で生産されるマグマの量が火山フロント付近にくらべて少ないためだ。東北地方の火山で説明すると、火山フロント付近の脊梁山地には北から八甲田山、八幡平《はちまんたい》、岩手山、秋田駒ヶ岳、焼石山、栗駒山、船形《ふながた》山、蔵王山、吾妻山、安達太良《あだたら》山、那須岳などの多数の火山があるが、背弧側の日本海側には、岩木山、寒風《かんぷう》山、鳥海山などしか目立つ火山はない（図１−３）。東北地方に限らず、日本列島の火山の大部分は、海洋プレートの沈み込みによって形成されているため、同様に火山フロント付近に火山がたくさんあり、背弧側には少ないといった傾向が認められる。

このように沈み込み帯で火山がつくられるのだが、地球上で最も火山活動が活発な場所は、日本のような沈み込み帯ではない。実は、地球上で起こっている火山活動の７割は、海嶺《かいれい》とよばれる、海底山脈で発生している。海嶺は海の底にあり、そこでは海の下にある海洋プレートがつくられている。そのため、世界で最も活発な火山地帯となっているのだが、海中にあるため、火山活動を実感することは難しい。そういった海嶺でつくられたプレートが、最終的に日本列島のような沈み込み帯で地下に沈み込み消滅する。地球上のほとんどの火山活動は、プレートの誕生する場と地下に戻っていく場で発生しているのだ。

ところが、海嶺や海洋プレートの沈み込みとはまったく関係のない場所にも、火山が形成される場合もある。ハワイなど海洋上の火山島や、北朝鮮・中国国境の白頭山、米国のイエローストーン

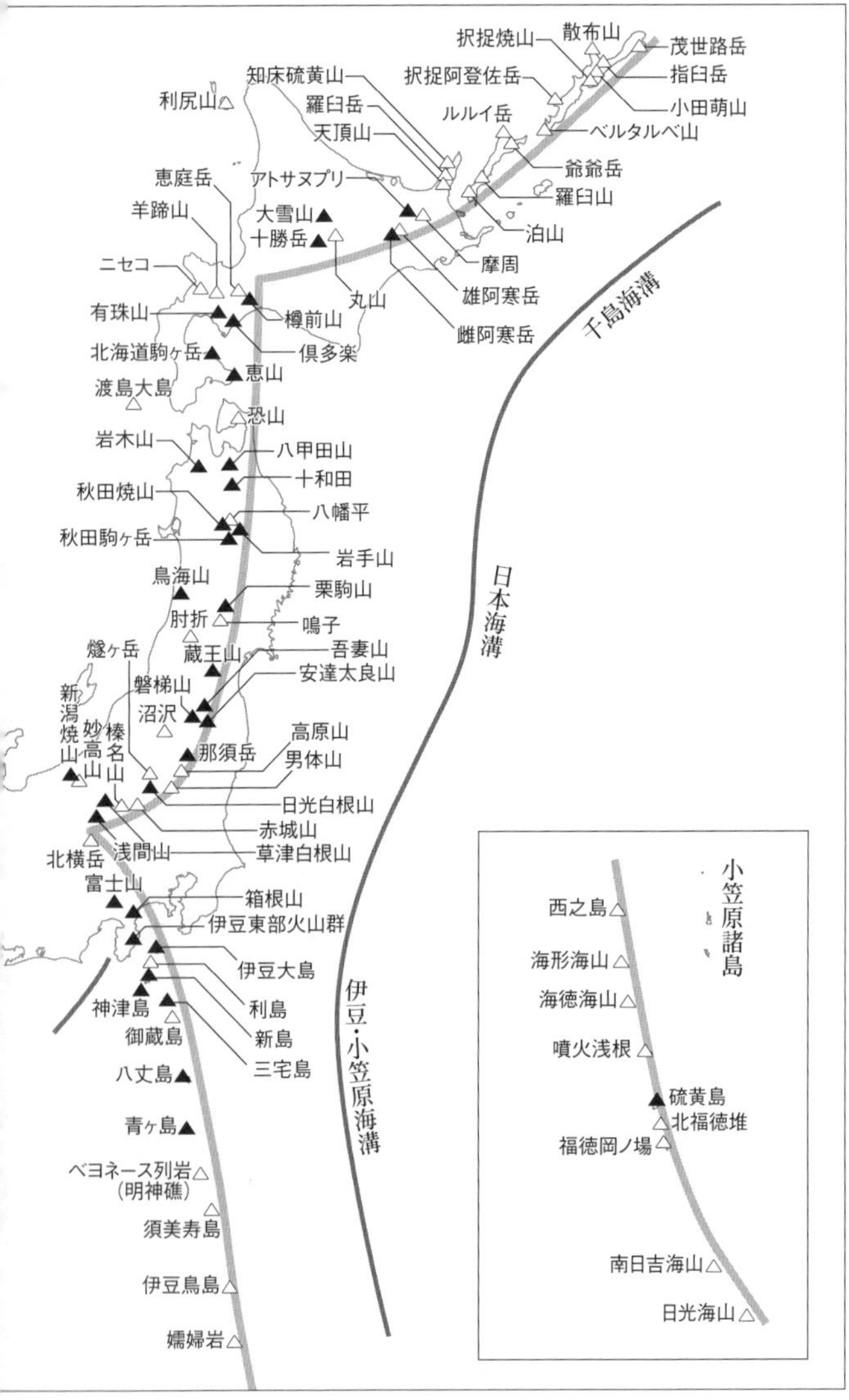
択捉焼山
散布山
茂世路岳
知床硫黄山
択捉阿登佐岳
指臼岳
利尻山
羅臼岳
小田萌山
ルルイ岳
天頂山
ベルタルベ山
爺爺岳
恵庭岳
アトサヌプリ
羅臼山
羊蹄山
大雪山
十勝岳
泊山
ニセコ
摩周
丸山
雄阿寒岳
有珠山
樽前山
雌阿寒岳
千島海溝
倶多楽
北海道駒ヶ岳
恵山
渡島大島
恐山
岩木山
八甲田山
十和田
秋田焼山
八幡平
秋田駒ヶ岳
岩手山
鳥海山
日本海溝
栗駒山
肘折
鳴子
燧ヶ岳
吾妻山
蔵王山
安達太良山
磐梯山
新潟焼山
沼沢
妙高山
榛名山
高原山
那須岳
男体山
日光白根山
赤城山
北横岳
浅間山
草津白根山
富士山
箱根山
伊豆東部火山群
伊豆大島
伊豆・小笠原海溝
利島
神津島
新島
御蔵島
三宅島
八丈島
青ヶ島
ベヨネース列岩
(明神礁)
須美寿島
伊豆鳥島
孀婦岩
小笠原諸島
西之島
海形海山
海徳海山
噴火浅根
硫黄島
北福徳堆
福徳岡ノ場
南日吉海山
日光海山

図1-3　日本の活火山・火山フロント・海溝

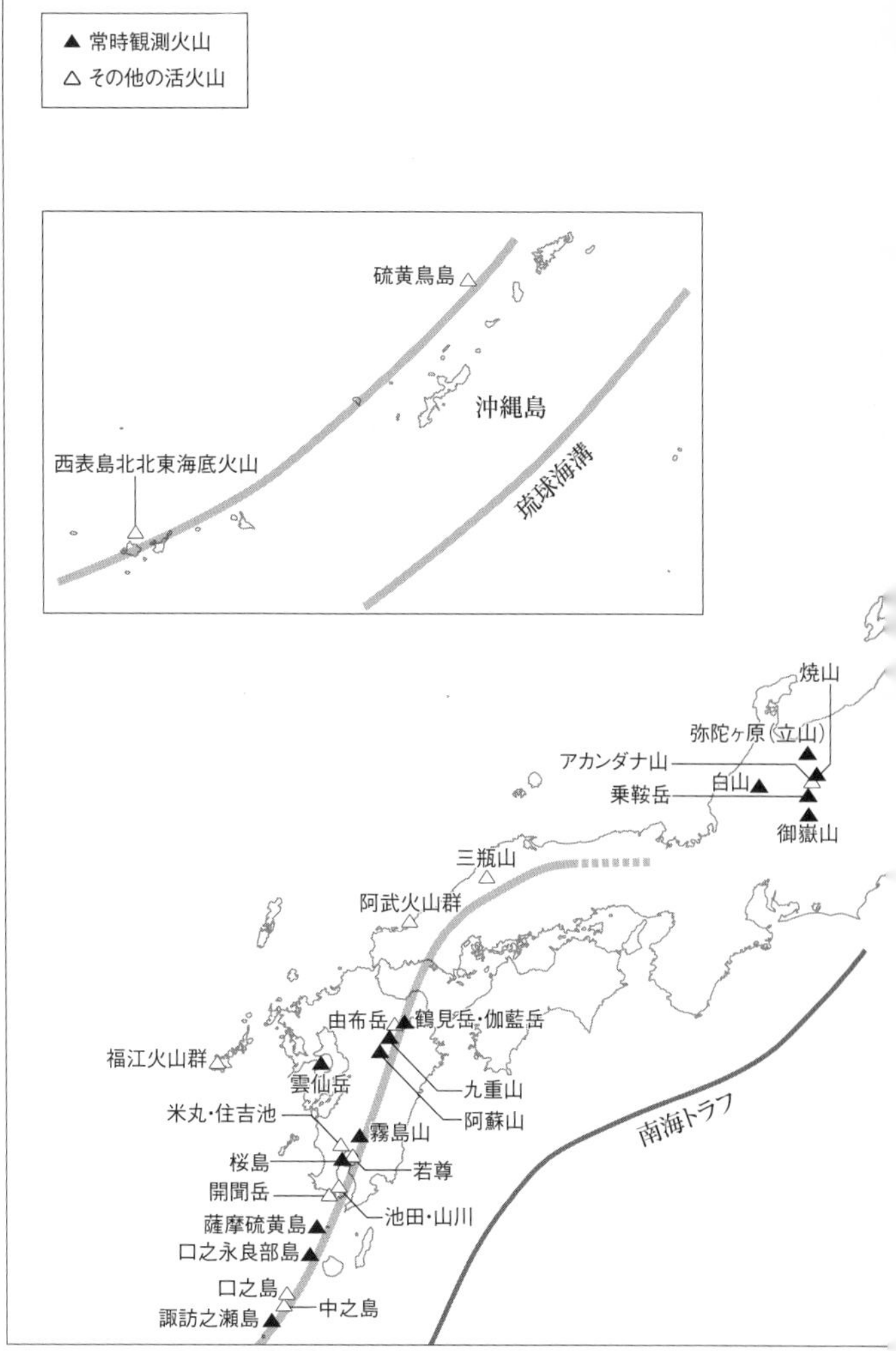

などといった大陸上の火山がそれだ。また、アメリカ大陸の内陸部にも火山が存在する。これらはホットスポットまたは大陸内火山とよばれるもので、熱いマントルが地下から局所的に上昇し、それが直接溶けることでマグマをつくっている場所と考えられている。

火山はどうして噴火する？　泡の力

火山に行くと、スカスカの孔《あな》が空いた軽石、それより重い溶岩などがたくさんある。これらはマグマが固まった岩石で、石であるので当たり前だが重たい。地下深くから重いものが上がってくるというのは、不思議なことだ。重力があるので、重いものは、地球の中心のほうに下がっていく。では、この重たいマグマがどうやって地表に上がってきて、火口から噴火するのだろうか？

マントルなどでつくられたマグマは、周囲の岩石より軽いから上昇する。高温のマグマは、その熱で地殻の岩石を溶かし、そこで新たなマグマがつくられることもある。そのようにしてできたマグマも周囲の岩石より軽いため、上昇する。そのうち何らかの原因で地下にマグマが滞留する場所ができる。そのような場所が、マグマ溜まりとよばれるところだ。特に地下の比較的浅いところでは、周囲の岩石の重さは、マグマの重さとさほど変わらなくなる。そうなると、それ以上マグマは上がれない。そのような場所にマグマ溜まりができるのだ。

では、マグマ溜まりからマグマをさらに地表に押し上げる力はなんであろうか？

火山をつくる岩石を見ると、大なり小なりスカスカで、孔が空いている。この孔は、火山ガスの抜けた跡、泡の跡だ。実は泡の力で火山は噴火するのだ。

火山ガスの大部分は水であるが、ほかに二酸化炭素（炭酸）ガスや二酸化硫黄（亜硫酸）ガスなども少量含まれている。もともと地下に存在するマグマには数％程度の水が含まれる。そのマグマが、地表付近まで上昇し圧力が下がったり、冷えてマグマに溶け込めるガスの量が減ったりすると、マグマ中に溶けていられる水が少なくなる。そのため、含まれている水がブクブクと泡となり、マグマ全体が泡だらけとなることで軽くなる。軽くなったマグマが上昇すると、圧力が下がることからまた泡をつくり……どんどん軽くなり上にあがる。これはビールやサイダーなどの炭酸飲料の栓を急に抜くと泡がたくさんできて、瓶の口から吹きこぼれる現象と同じだ。泡の力でビールやサイダーが吹きこぼれるように、マグマも泡の力で地表まで押し上げられて噴火する。小さな噴火も大きな噴火も、マグマが噴出する噴火、マグマ噴火は、基本的にこのような泡の力で起こるのだ。

しかし、火山ではマグマが出てこない水蒸気噴火という噴火も発生する。水蒸気噴火はマグマなどで熱せられた熱い水によって引き起こされる噴火だ。この噴火はいろいろな原因で引き起こされるが、ある程度大きなものは、地下深く、圧力の高い場所で100℃以上になった液体の水が原因で引き起こされる。地下のような圧力が高い場所では、地表の水の沸点100℃を超えても沸騰せずに、液体の水のままで高温になる。これは、高山のような地表より圧力が低い場所では、水が100℃以下の温度でも沸騰してしまうことと反対の現象だ。地下の100℃以上の水が、急に地表に近づき圧力が下がると、一気に沸騰する。沸騰して水蒸気になると液体の水の何倍にもふくらむことから、それによって周囲の岩石を吹き飛ばす。マグマが噴き出すのでなく、水蒸気が一気に多量につくられることで起こるのが水蒸気噴火なのだ。

なお、噴火の大小にかかわらず、火山は、噴火のたびに成長する。火山が噴火を休んでいる間は、雨風で削られ、火山は小さくなっていくが、たびたび噴火が発生すると、削られるより速く火山は大きくなれる。噴火の大小より、たびたび噴火する火山のほうが大きな火山になるのだ。

噴火の種類

火山噴火は、噴火の仕方によっても大きく2種類に分けられている。それは「爆発的噴火」と「溶岩噴火」だ（図1-4）。よく振ったシャンパンやビールの栓を抜くと勢いよく飛び散る。一方、

図1-4　伊豆大島1986年の溶岩噴火（上）と霧島山新燃岳2011年の爆発的噴火（下）。

泡があまりつくられないと、口からゆっくりとあふれ出るように噴き出す。勢いよく飛び出したときは、空高く噴煙を立ち上げ、軽石や火山灰を降らすような爆発的噴火、一方、コルク栓を抜いた後、あふれ出たときは、火口から溶岩があふれ出るような溶岩噴火という。実際、爆発的噴火と溶岩噴火では、噴火直前のマグマの中に含まれるガスの量が異なる。ガスを多く含む場合、ガスが膨張することで、マグマが砕けて飛び散る。しかし、ある程度ガスが少なくなると、マグマは砕け散ることなく、連続的に上がって火口からあふれ出す。皆がよくイメージする「ドッカーン」という噴火は爆発的噴火で、マグマがばらばらになって砕けて出てくる。

このバラバラに砕けて出てくる噴出物は、火砕物とよばれる。火砕物は、さまざまな大きさの粒であるのだが、その粒の大きさで、名前が変わる。直径が64㎜より大きいものを「火山岩塊《がんかい》」、直径が64～2㎜のものを「火山礫《れき》」、2㎜よりも小さいものを「火山灰」とよんでいる（図1-5）。実際の火砕物が集まって固まった火砕岩は、これら火山岩塊、火山礫、火山灰などが入りまじってできることが多い。そのため、それぞれが含まれる割合で、火山礫凝灰岩《ぎょうかいがん》、凝灰角礫岩《ぎょうかいかくれきがん》などのさまざまな名前がつけられている。

また、発泡がよい火砕物は、「軽石」や「スコリア」とよばれる。軽石は、よく発泡し、たくさんの小さな孔が空いた（多孔質の）火砕物のことだ。密度が小さいため、水に浮くことが多い。軽

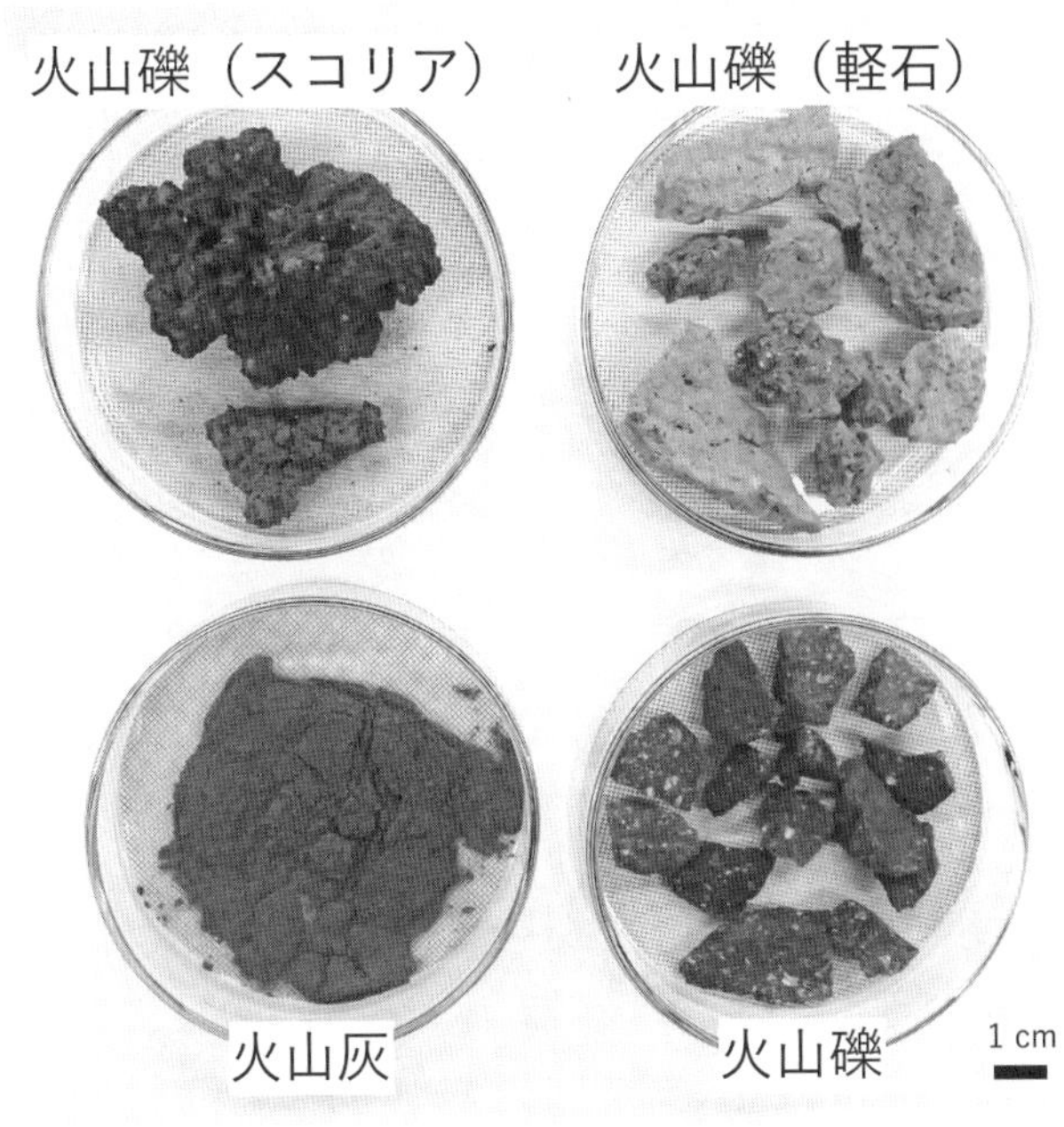

図1-5　火山灰と火山礫

石のうち黒っぽい色をしたものはスコリアともよばれる。スコリアは軽石にくらべて発泡が悪く、水に沈む。

その一方、溶岩噴火は、爆発的噴火と異なり、マグマがドクドクと連続的に火口からあふれ出る噴火だ。もっともドクドクと溶岩が流れ出るような噴火は、サラサラのマグマが出やすい玄武岩質の火山でしか起こらないが、日本の多くの火山で流れる溶岩は、もっと粘っこい安山岩からデイサイト質のものが多いので、マヨネーズが流れ出るようなネットリとした流れとなる。

溶岩はドロドロに溶けた岩石であるマグマが火口からあふれ出たものであるが、その流れている状態も、それが冷えて固まったものも「溶岩」というので、ややこしい。もともとは「溶岩」には、金属などの固体が溶けたものを指す火編の「熔」という字があてられて「熔岩」と記されていた。しかし常用漢字に「熔」の字がないので、「溶岩」と記されるようになった。なお、流れている状態を指して、「溶岩流」と「流」をつけてよぶこともある。

また先に説明したように、マグマが出てくるような噴火とマグマが出てこない噴火がある。前者は「マグマ噴火」、後者は「水蒸気噴火」とよばれる。この二つの噴火の違いは、地下のマグマが噴火に関与しているかどうかは関係せずに、噴出物にマグマがまじっているかどうかで区別される。さらにマグマの熱によって地下水や湖水、海水などが急激に沸騰し、熱源のマグマと一緒に噴き出ると「マグマ水蒸気噴火」とよばれる。この噴火は、地表や水面近くで多量の水とマグマが接するときに発生しやすい噴火だ。

爆発的なマグマ噴火が発生する場合は、砕けたマグマ、火砕物が火口から噴き出る。この火砕物がきれいに吹き上がり、噴煙となって上昇し、それが風に流されながら噴煙から降ってきたものは、降下火砕物とよばれる。その一方、きれいに吹き上がれずに、ガスなどと一緒に重力に引きずられ、地を這うように流れるものは、火砕流とよばれる。噴煙から降ってきた降下火砕物が地表などに積もると降下火砕堆積物、火砕流が停止して地表を覆うと火砕流堆積物と名前に堆積物がつく。火山で起こる噴火を大雑把に分けるとこのように区別される。

さまざまな噴火があるが、大雑把には、このように区別されている。これらの種類の噴火による噴出物によって火山はつくられているのだ。

マグマがつくる石　火成岩

では、火山噴出物をつくる岩石とはどのようなものなのであろうか？　岩石は、色や形ではなく、その成因で分類するのが基本だ。そのため、岩石はでき方によって大きく「火成岩」「堆積岩」「変成岩」に三分されている。このうち火山噴出物として放出されるマグマによってつくられる岩石が「火成岩」だ。ちなみに、「堆積岩」は、水や風によって運ばれてきた粒子が積もって固まった岩石で、「変成岩」は、堆積岩や火成岩が熱や圧力で、変化した岩石のことだ。

火山によってつくられる岩石は、火成岩であるので、火成岩について、詳しく説明しよう。

火成岩は、地下深くで、ゆっくり冷えて固まってできた「深成岩《しんせいがん》」と、地表や地表付近で比較的速く固まってできた「火山岩」に分けられる（図1－6、1－7）。深成岩と火山岩は、冷える速さの違いで生まれた組織の差で区別されている。

マグマは、地下深くではドロドロに溶けた状態で存在している。深成岩も火山岩も、マグマが冷えていくにしたがって、順次、結晶が成長して、増えてくる。ゆっくり冷えると順調に結晶が成長して、粒の粗い結晶だらけの岩石になる。そのような岩石が深成岩だ。代表的な深成岩である花崗《かこう》岩《がん》は、ビルの外壁などの建造物に使われている。たとえば、国会議事堂の外壁や銀座の歩道の石畳は、花崗岩でできている。花崗岩を観察してみると、粗い白い結晶、白っぽい透明な結晶、黒い結晶が集まってできているのがわかる（図1－6）。

一方、火山岩は、急速に冷えて固まるため、先に結晶として晶出した粗い粒と急速に冷えて粗い結晶とならなかった部分でできた岩石だ（図1－7）。専門的には、粗い結晶の部分を「斑晶《はんしょう》」、急に冷えて固まった部分を「石基《せっき》」という。この火山岩の組織は、地表ないしその近くでマグマが急に冷えることでつくられる。そのため、火山から出てくるマグマは、火山岩となる。

深成岩も火山岩もさらに細分され、それぞれに名前がついているが、火山岩は化学組成を基に分けられている。主に二酸化珪素（SiO2）の含有量で大きく区別されている。日本列島で噴出しているような、カリウムやナトリウムの含有量が比較的少ないマグマからつくられる岩石は、二

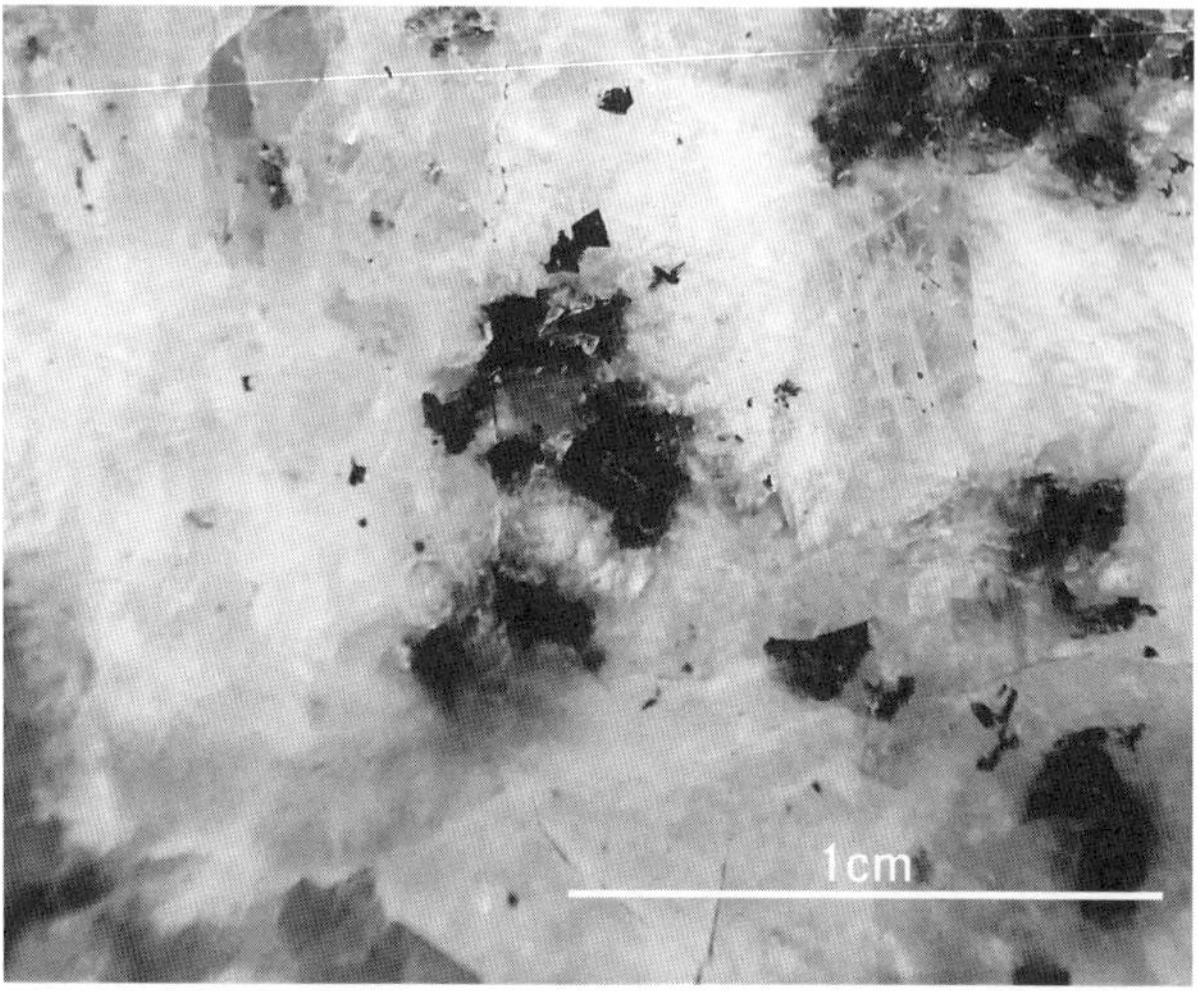

図1-6　深成岩（花崗岩）

酸化珪素の含有量の少ないほうから順に、深成岩は「斑レイ岩」、「閃緑岩《せんりょくがん》」、「花崗岩」に、火山岩は「玄武岩《げんぶがん》」、「安山岩《あんざんがん》」、「デイサイト」、「流紋岩《りゅうもんがん》」に区別される。なお、二酸化珪素が重量比で52％以下のものが玄武岩、52～63％のものが安山岩、63～69％のものがデイサイト、69％以上のものが流紋岩である。さらに安山岩は、57％を境に、それ以下を玄武岩質安山岩、それ以上を安山岩と細分されることもある。なお、一般的に、二酸化珪素の含有量の多いマグマのほうが粘っこく粘性が高いという性質がある。そのため、玄武岩溶岩は、安山岩などのものにくらべサラサラと流れる傾向がある。

玄武岩の玄武とは、中国の神話に出てくる「四神《しじん》」の一つで、霊獣のことだ。足の長い亀

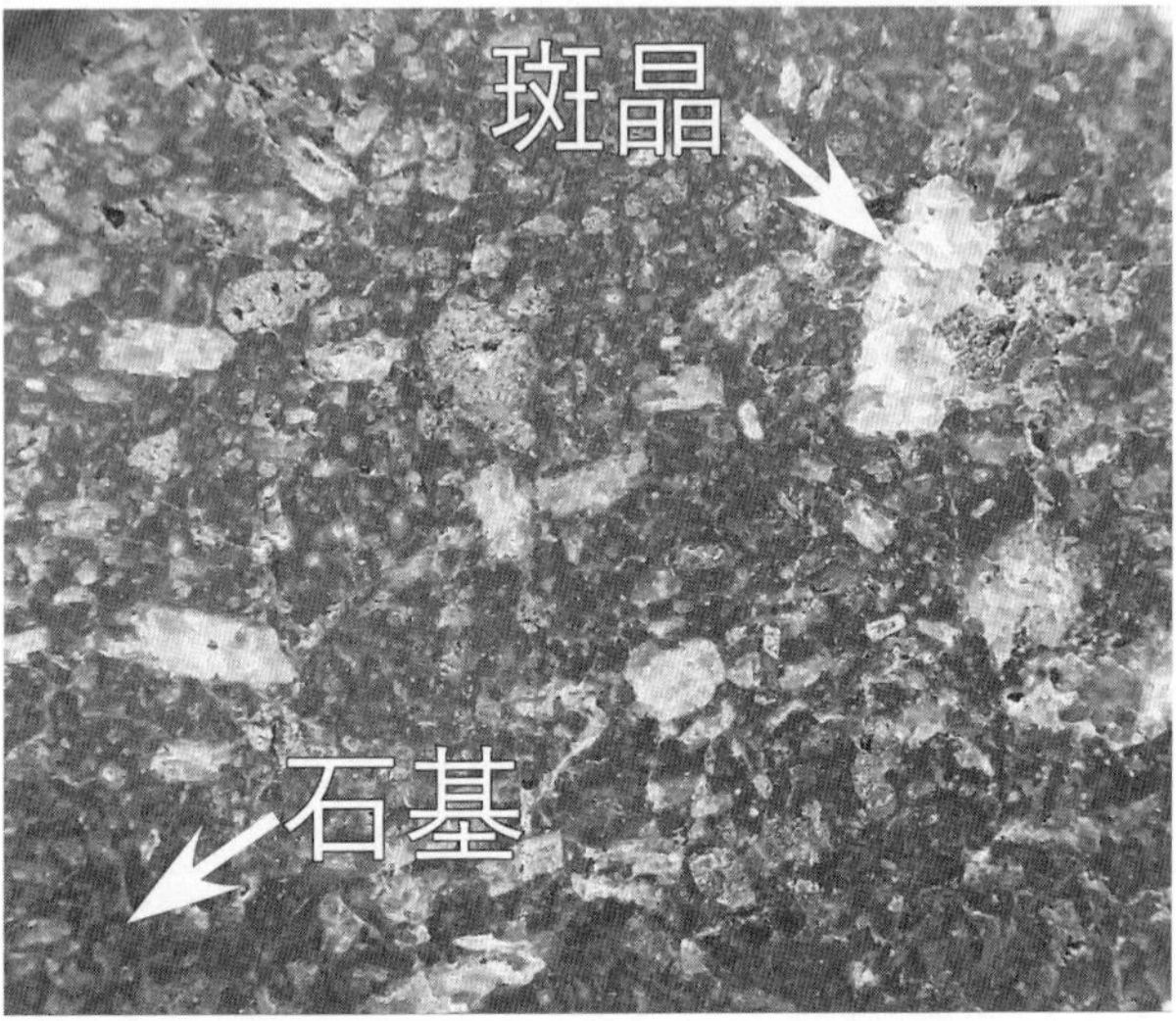

図1-7　火山岩（安山岩）

に蛇が巻きついた姿をしている。玄武岩は日本の地質学者、小藤《ことう》文次郎が兵庫県豊岡市にある「玄武洞」という洞窟にちなんで命名した。玄武洞では、約160万年前に起こった火山活動により、山頂から流れ出したマグマが冷えて固まる際に、規則正しいきれいな割れ目をつくり出す「柱状節理《ちゅうじょうせつり》」が見られる。柱状節理は、上から見ると五角形や六角形をなすことが多く、亀の甲羅の模様を連想させる。また四神には色が割り当てられていて、玄武は「黒」である。玄武洞をつくる玄武岩は、黒っぽい色をしていること、その柱状節理の形が亀の甲羅、玄武を思わせることから、その名がつけられた。そして、その玄武洞をつくった岩石を玄武岩と命名したのだ。

実は玄武洞は、ほかの地学現象でも有名な場所だ。方位磁針が北を向くことは、地球が大きな磁石であるためだが、長い地球の歴史の中で、その磁性が逆転していた時期があることが、今ではよく知られている。実はこの逆転現象を世界で初めて発見したのは、京都大学の松山基範《もとのり》教授で、玄武洞の岩石からその痕跡を見出した。その結果をたたえ、約２５９万～78万年前の地球磁気の逆転期は、松山逆磁極期とよばれている。

安山岩は、日本の火山岩としては最も一般的な岩石だ。プレートの沈み込み帯でよく見られ、英名はandesiteとよばれる。この名は、ドイツの地質学者が南米アンデス産の火山岩に対してつけたのだが、これを「アンデス山の石」という意味で、日本語訳して、安山岩となった。

流紋岩は、マグマが流れたときにできた「流理」とよばれる縞模があるものが多く見られることから、流紋のある岩という意味で命名された。また、デイサイトは流紋岩より二酸化珪素に乏しい岩石である。昔は石英安山岩とよばれたこともあったが、必ずしも石英を含む岩石ではないので、英語名をカタカナにしたデイサイトとよばれるようになった。

なお、深成岩は、二酸化珪素の含有量が高くなればなるほど、岩石の色は黒っぽい色から白っぽい色へと変化していくが、火山岩の色の変化はそう単純でない。なお、岩石の色は、風雨にさらされたり、温泉や火山ガスにさらされたりすることでも変化する。専門的には、前者は「風化」、後者は「変質」とよばれる。

このように、岩石はできた後にも変化するので、岩石の種類や色などを判断するには、石の内部の大気にさらされていない部分を観察する。風化や変質の影響を受けていない岩石のことを、地質学者は「新鮮な岩石」とよぶが、一般的にはちょっとはおかしな響きかもしれない。なお、地質学者は、新鮮な岩石を観察するため、野外調査のとき、石をかち割るハンマーを腰に下げている。ハンマーは地質学者のトレードマークだ。

活火山とは?

火山はマグマが噴出してできた地形のことであることは先に説明した。では、活火山とはなんだろう。

活火山は、「現在火山活動があるか、過去に火山活動の記録があって将来も噴火する可能性のある火山」のことである。世界的に活火山は、最新の地質時代である完新世《かんしんせい》に噴火した火山とすることが多い。そのような定義で、アメリカのスミソニアン博物館は、世界中の活火山のカタログをつくっている。

地質学者は、地層に残された記録から過去の地球の歴史を読み解こうとする。過去に起きた噴火を、火山の噴出によってつくられた地層から読み解くのだ。しかし、大陸や高山が広く氷河に覆われていた時期には、氷河による浸食によって、火山噴出物が失われてしまう。そのため、特に小さな噴火の噴出物は地層として残りにくい。したがって、噴火の歴史を地球上で確実にさかのぼることができるのは、地球上が氷河に広く覆われなくなった約１万１７００年前以降の完新世という時代からになる。ただ、火山活動は休止期間が数千年に及ぶ場合も少なくない。とはいえ、だいたい完新世以降の噴火を調べれば、まず十分であろうとの判断から、完新世に活動した火山を活火山としているのだ。

日本でもその基準にあわせて、２００３年に、気象庁長官の私的諮問機関である火山噴火予知連絡会が、活火山を完新世に活動した火山、「概ね過去1万年以内に噴火した火山及び現在活発な噴気活動のある火山」と定義した。それ以降はこの基準にしたがって、国内の火山が防災対象となる活火山か否かを気象庁が決定している。

昔は、噴火または噴気活動を続けている火山を「活火山」、噴火はしていないが活動記録のある火山を「休火山」、活動記録のない火山を「死火山」とよんでいた。しかし、火山は、数万年から数十万年と非常に長く活動するため、数千年、数百年程度の休止期間はほんのつかの間の休憩にすぎない。そのため、有史以降に活動記録がないから噴火しないとは限らないのだ。数千年間も活動を休んでいた火山が再び噴火した例は複数ある。噴火の記録が残っていないからといって「死火山」とはいえないし、どのくらい休んだら「休火山」といえるのかも難しい。そのため、休火山や死火山を使用せず、「活火山」という言葉だけが使われるようになった。

その「活火山」という言葉も、実はここ100年ちょっとの間に使われはじめた言葉だ。江戸時代までの日本では、噴火している山のみを「火山」とよび、噴火していない山は、かつて噴火したことがあっても火山とよばなかった。日本語の語源を記した『日本語源大辞典』（小学館）にも、「火山」の項に「かつては噴火している山を火山とよんだ」と書かれている。そのため江戸時代の書物を読んでいると、「○○山は今も煙が立ち火山であるが、××山は昔噴火したが今は煙も認められず火山でない」などといった表現が使われている。かつての日本人は、非常に単純に区別していた。

日本で活火山が最初に認定されたのは、大正時代の1918年。震災予防調査会噴火記録の残っている47火山を活火山とした。

その後、太平洋戦争後の1962年に「歴史時代に噴火記録がある火山、あるいは、噴火記録はないが噴気活動が活発な火山、火山活動と関連した地震活動が頻繁に発生する火山」の74火山を活火山として国際火山学協会に報告した。1975年には火山噴火予知連絡会が、77火山を活火山とした。

この1962年につくられた定義は比較的長く使われたが、噴火記録の有無は人為的な要素に左右される一方、歴史記録がなくても、地層などから比較的新しい噴火の証拠が見出されるケースが多くなった。そこで、1991年に同じく火山噴火予知連絡会が「歴史時代に記録が残る」を「過去2000年以内に噴火した」に変更し、83火山を活火山とした。その後、1996年には3火山が追加され、86火山となった。

しかし、国際的には過去約1万年間の噴火履歴で活火山を定義するのが一般化されてきたことから、2003年、火山噴火予知連絡会は、活火山を現在の「概ね過去1万年以内に噴火した火山及び現在活発な噴気活動のある火山」と定義し直したのである。当初、活火山の数は108火山だったが、2011年6月に2火山、2017年6月に男体山の1火山が新たに選定され、2019年現在は111となっている（**図1-3**）。

それぞれの活火山の詳細は気象庁が編さんした『日本活火山総覧』の第4版で紹介されており、気象庁のホームページで閲覧でき、気象庁の刊行物として一般財団法人気象業務支援センターからも販売されている。また、過去の噴火の歴史などは、産業技術総合研究所（産総研《さんそうけん》）地質調査総合センターのホームページ「日本の火山」にまとめられている。研究の進展によって、新たにおよそ1万年前以内に活動した火山が見つかる可能性は高いので、日本の活火山の数は今後も増えるであろう。

火山以外の山はどうしてできる？　あの山もこの山も火山と関係

小中学校などでは、山は、

①削られて硬いところが残ったもの
②地殻が横から押され褶曲《しゅうきょく》や断層で高くなったもの
③火山噴火でできるもの

と教えている。

①と②のでき方は、火山と無関係のように思われがちだが、実は火山に関係していることも多い。たとえばカルデラの中に積もった噴出物は、自身の熱で溶け、それがくっついて固まった溶結凝灰岩という岩石になることがある。この溶結凝灰岩は、浸食に強く、周囲の岩石より削られにくいため、高まりをつくり、①に当てはまる山をつくることが多い。代表的な山としては、西日本最高

峰である四国の石鎚山《いしづち》（１９８２ｍ）があげられる。この山は約１５００万年前につくられたカルデラの中に溜まった溶結凝灰岩が削り残されてできた。北アルプスの槍ヶ岳（３１８０ｍ）、穂高岳（３１９０ｍ）、薬師岳（２９２６ｍ）、笠ヶ岳（２８９８ｍ）、北陸の荒島岳（１５２３ｍ）、愛知県の鳳来寺山《ほうらいじ》（６９５ｍ）、九州の祖母山《そぼ》（１７５６ｍ）と傾山《かたむき》（１６０５ｍ）も同じ成因でできた山だ。

溶岩やマグマが地下に貫入して固まった緻密な火山岩なども、浸食に強く高まりをつくることがある。その代表例として関東地方の荒船山《あらふね》（１４２３ｍ）があげられる。この山は、山頂部が平たくブロックを突き出したような形をし、遠くから眺めると、船のように見えることで有名な山だ。この船のような部分は、およそ３５０万〜２００万年前の古い溶岩が浸食され、テーブル状に削り残されてできた部分だ。新潟・長野県境の高妻山《たかつま》（２３５０ｍ）や雨飾山《あまかざり》（１９６３ｍ）は、地下の浅いところに貫入したマグマが固まってできた緻密な火山岩が、浸食に耐えて高まりとなった山だ。雨飾山の山頂南にある布団菱《ふとんびし》の岩壁は、この火山岩でできている。こういった山々は、火山岩でできているものの、火山噴火によって直接つくられて山をなしているわけではない。そのため、厳密な意味においては火山とはいえないのだが、広い意味で火山活動に関係してできた山といえる。

また、マグマは地下に貫入すると、周囲の岩石を焼いて硬くする。その部分は硬いがゆえに浸食に強く、削り残され高まりをつくる。たとえば群馬・新潟県境にある谷川岳（１９７７ｍ）は、貫入してきた火成岩である花崗岩の熱で焼かれて硬くなった蛇紋岩《じゃもん》という変成岩が山頂の高まりをつくっている。谷川岳にある、アルパインクライミングで有名な一ノ倉沢などの岩壁は、この蛇紋岩で主につくられている。

そのほか、大文字焼で有名な京都市の大文字山は、マグマの熱で泥岩などが焼かれてできたホルンフェルスという硬い岩が、削り残された場所だ。これもまた、火山ではないが、その基となるマグマの活動に関係してできた山なので、火山に関係あるといえる。

マグマが地下深くゆっくり固まると、粒の粗い結晶が集まった深成岩となることは説明した。代表的な深成岩は花崗岩だ。花崗岩は日本では、御影《みかげ》石ともよばれる。これは六甲山をつくる花崗岩が、神戸市御影から船で積みだされて広く利用されたことから、それにちなんでブランド化してついた名前だ。マグマが固まってできた花崗岩の山も、広い意味で火山に関係した山といえるだろう。

そもそも花崗岩は、かつてのマグマ溜まりが地下深くでゆっくり固まってできた岩石だ。地面が持ち上げられ隆起すると、隆起したところがどんどん削られる。高くなるほどどんどん削られるため、さらに隆起すると、高いところほど地下深くにあった岩石が地表に顔を出す。その結果、山の高まりに、地下深くの岩石が顔を出すのだ。多くの陸地の地下深くには、花崗岩があるため、花崗岩でつくられる山は多い。花崗岩やその他の深成岩でできている著名な山も多い。日本百名山の中でも、幌尻岳、朝日岳、飯豊《いいで》山、筑波山、平《ひら》ヶ岳、巻機《まきはた》山（山頂は異なる）、筑波山、丹沢（西丹沢のみ）、甲武信《こぶし》岳、金峰《きんぷ》山、瑞牆《みずがき》山、甲斐駒ヶ岳、鳳凰山、常念岳、黒部五郎岳、鷲羽《わしば》岳、黒岳（水晶岳）、立山、剱《つるぎ》岳、鹿島槍ヶ岳、木曽駒ヶ岳、空木《うつぎ》岳、宮之浦岳などはそのような山だ。

なお、花崗岩は、比較的均質で大きな岩体をつくるため、大岩壁をつくることが多い。世界各地の大岩壁をもつ著名な山の多くは花崗岩でできている。南米のフィッツロイ、北米のヨセミテ、ヨーロッパアルプスのシャモニ針峰群やドリュウ、マレーシアのキナバル山などはいずれも花崗岩でできた大岩壁をもつ山だ。日本でも北アルプスの奥鐘《おくがね》山、剱岳の八ッ峰やチンネ、黒部丸山、唐沢《からさわ》岳の幕岩、穂高岳の屏風岩、南アルプスの甲斐駒ヶ岳赤石沢、奥秩父の瑞牆山、小川山など岩登りの登攀対象となっている岩壁は、すべて花崗岩だ。かつてのマグマ溜まりが固まったのが花崗岩なので、それを登るということは、マグマ溜まりを登っているということになる。

個別の山の高まりは、①に分類される削り残された高まりであることが多いのだが、長大な山脈とよばれるような山々のほとんどは、②の成因、地殻が横から押されて曲がったり、断層で断ち切られたりして盛り上がったことでつくられた。ヨーロッパアルプスやヒマラヤ、アンデス山脈などの陸上の大山脈の多くはそのようにしてできたのだ。

日本の山地は、世界の大山脈にくらべると小さいが、小さいながらも横から押されてつくられた、褶曲や断層によって盛り上がった山がある。たとえば、南アルプス（赤石山脈）と中央アルプス（木曽山脈）は断層で高くなっている山だ。南アルプスは山脈の東側に、中央アルプスは山脈の両脇に山を隆起させるような活断層があり、それらの断層活動によって高くなった。

北アルプス（飛騨山脈）も横から押されて高くなっている山だが、山麓に山を高くさせるような断層がない。北アルプスの北西部には跡津《あとつ》川断層、東側に糸魚川《いといがわ》－静岡構造線活断層系という日本でも有数の活発な活断層があるが、それらの断層のずれは、北アルプスを隆起させるような向きではない。これらの断層、特に糸魚川－静岡構造線活断層系の活動は、地震のたびに断層の西側の北アルプス側を下げるような向きで動いている。

実は北アルプスは、断層活動で高くなったのではなく、横から押されて盛り上がった一種の褶曲山地であると考えられている。しかも、マグマの熱によって柔らかくなったところが盛り上がったと考えられているのだ。つまり、北アルプスの隆起も火山と関係があるのだ。その詳しいことは第4章「北アルプスの火山」の項で解説する。

このように、火山ではないが、火山やマグマに関係する山は日本各地にたくさんある。火山列島日本の山は、火山抜きには語れない。

コラム　世界最高峰は火山？

世界最高峰は、ネパール・中国国境にそびえるエベレスト（チョモランマ、サガルマータ）であることは改めて説明するまでもないであろう。しかし、赤道に近い中米エクアドルのチンボラソも世界最高峰であることをご存じだろうか。

チンボラソは、5～7世紀に最後の噴火をした活火山だ。初めてこの山に登ったのは、マッターホルンを初登頂したことで知られるE・ウィンパーで、そのときの記録は『アンデス登攀記』（上・下巻、岩波文庫）に記されている。今は日本からのツアー登山でも登れる山だ。

山の高さの指標となる標高は、平均海水面を基準として、そこからの高さを測っている。平均海水面は、各地で少しずつ異なり、それぞれの地域で標高0mの基準を決めている。専門的にいうと、地球全体を仮想の平均海水面で覆ってつくった球状面をジオイドといい、ジオイドからの距離が、我々の使っている標高なのである。日本では、東京湾の平均海水面を標高0mとして決めており、精密な測量でそこから24・3900mの高さと求められた、日本水準原点を基準として、標高が求められている。

日本水準原点は国会議事堂前の国会前庭北地区憲政記念館構内にあるが、水準原点そのものは通常見学できない。しかし、水準点を覆う、東京都の文化財に指定された石造りのクラッシックな建物である日本水準点原点標庫は、いつでも見学可能だ。なお、この水準原点は1891年に設置され、そのときの標高は24・5000mであった。その後、1923年の関東地震（関東大震災）で標高24・4140mに、2011年3月11日の東北日本太平洋沖地震で24・3900mと変化した。日本水準原点は、台地にあるのだが、ここ130年を通して、低くなっている。不変に思える大地も動いているのだ。

この標高の基準となるジオイドは、完全な球でなく、赤道付近がふくらんで、かつ北半球にくびれがある西洋梨状の形をしている。つまり、赤道付近の山々は、地球の中心からの距離を測ると、他の地域の同じ標高の山より地球からの距離が高い（離れた）山となる。そのため、エベレストの標高は8848m、チンボラソの標高は6268m、その標高差は2500m以上もあるが、地球の中心からの距離ではチンボラソが約6384・4km、エベレストが6382・3kmとなり、逆に2000m以上も高くなる。チンボラソは赤道付近で最も高い山なので、地球の中心から最も離れた山となるのである。

なお、エベレストの標高については、今も論争があり、きちんと定まっていない。一般的には8848mという標高が広く使用されているが、中国は8844m、米国地理協会（ナショナル・ジオグラフィック）は８８５０ｍを主張している。標高が高く精密な測量が困難なため、値が定まっていないのだ。

　別の見方でも火山が最高峰となることもある。ハワイ諸島の最高峰、マウナ・ケア（標高４２５０ｍ）は山体を載せる海底からの比高が１万２００ｍとエベレストを超えるため、起伏の大きさとしては世界最高峰だと主張されることがある。マウナ・ケアも火山であり、見方によっては、火山が世界最高峰となるのである。

第2章

火山に登る楽しみ

噴火の痕跡を楽しむ

日本の国内にはたくさんの火山があり、最近も噴火した山が多いことから、各地で噴火の痕跡が楽しめる。歴史時代、特に江戸時代以降に噴火した火山では、岩がむき出しの荒々しい景色が広がり、流れた跡も生々しい溶岩や噴気孔なども見られ、生きている火山を実感できる。

登山やハイキングの対象となっているような山々で、およそ江戸時代以降の最近４００年間に噴火した火山は、

北海道――知床硫黄山、阿寒《あかん》岳、十勝岳、樽前《たるまえ》山、有珠山、北海道駒ヶ岳、恵山《えさん》

東北地方――秋田焼山《やけやま》、岩手山、秋田駒ヶ岳、鳥海《ちょうかい》山、蔵王山、吾妻《あづま》山、安達太良《あだたら》山、磐梯《ばんだい》山

関東・中部地方――那須岳、日光白根山、浅間山、新潟焼山、立山（弥陀ヶ原）、焼《やけ》岳、御嶽《おんたけ》山、白山《はくさん》、富士山、箱根山（大涌谷）

伊豆諸島――伊豆大島、三宅島、八丈島、青ヶ島

九州——雲仙岳、九重《くじゅう》山、阿蘇山、霧島山、薩摩硫黄島、口永良部《くちのえらぶ》島、諏訪之瀬《すわのせ》島など多数ある。

これらの山に登ると噴火の生々しい痕跡が観察できるが、なかでも見ごたえがあってわかりやすいのは、やはり溶岩だ。複雑な形をしたゴツゴツとした岩が累々と広がる姿は、迫力がある。そんな、生々しい溶岩が観察できる山を紹介しよう。

日本列島で、今一番若い溶岩が見られる山はどこであろう。２０１１年までは、離島を除くと１９９０〜１９９５年に溶岩ドームを形成した雲仙普賢岳の溶岩が一番新しかった。しかし、それ以降は霧島山の新燃《しんもえ》岳の２０１１年および２０１８年溶岩が一番若い。残念ながらまだ立ち入り規制がかかっているため、この溶岩のすぐ近くまで行くことは叶わないが、すぐ隣の韓国《からくに》岳の山頂から、ちょっぴり舌を出したように流れ出た溶岩を望むことができる。

本州で一番若い溶岩は、秋田駒ヶ岳の女《め》岳の溶岩だ（**図2-1**）。１９７０年に流れ出た溶岩が、女岳のすぐ近くの尾根から望める。この噴火は、火口付近の地温の上昇などの前兆が認められた後、9月17日に噴火が始まった。その後火口から、赤熱したマグマを間欠的に噴き上げるストロンボリ式噴火を繰り返し、19日以降に溶岩を流す活動を行った。溶岩は、10月2日に火口から５３０ｍあまりの距離まで到達したが、その後はそれ以上長くならなかった。噴火は、翌年１９７１年１月末まで継続して終了した。

この噴火では、溶岩の流出とストロンボリ式という比較的穏やかで、美しい噴火が眺められた(図2－2)。噴石の到達範囲も火口から300m以内と、女岳を見下ろす男岳まで到達せず、比較的火口に近いところまで安全に近づけたこと、1ヶ月あまりも活発な活動を行ったことなどから、多くの見物人たちが山に詰めかけた。登山口には屋台まで出たそうだ。

東北地方の山では、ほかに岩手山と鳥海山で、江戸時代に流れた溶岩を見ることができる。

岩手山で見られる江戸時代の溶岩は、北東側に流れた焼走り溶岩だ。国の特別天然記念物にも指定されている玄武岩質《げんぶがん》の溶岩で、1732年の噴火で流れ出た。この溶岩は、近年まで1719年の噴火でつくられたと考えられていたが、古文書を詳しく解析したところ1719年に噴火があったことは怪しく、1732年の噴火で流れ出たことがわかった。なお、岩手山は、江戸時代以降に1686年、1732年、1919年と3回も噴火している活発な活火山だ。

焼走り溶岩の末端には、溶岩の上を歩ける遊歩道が整備されている。焼走り溶岩の脇を通って山頂まで登る登山道（焼走りコース）もあるが、こちらは溶岩の上を歩けない。しかし、山頂付近にコマクサの大群落があるので、人気のコースとなっている。溶岩の上を歩ける遊歩道は、登山口のすぐ近くなので、登山の際にはぜひ足を延ばしてほしい。

図2-1　秋田駒ヶ岳1970年噴火の溶岩。女岳（左山頂）から右側に流れ出ている。男岳山頂から望む

図2-2　秋田駒ヶ岳の1970年9月25日の噴火

もう一つの鳥海山は、山頂部分の新山《しんざん》が江戸時代の溶岩でつくられている。新山は、1800～1804年の噴火でつくられた溶岩ドームだ。この植生のないごつごつした溶岩ドームを登らないと鳥海山の山頂に立てない。ちょうどこの溶岩ドームがつくられたとき、日本全体の実測地図を最初に作成したことで有名な伊能忠敬が、鳥海山麓で測量をしていた。連日、煙を上げる鳥海山を眺めながら測量したためか、彼の作成した地図、伊能図大図に描かれた鳥海山は、噴煙を上げている。最後の鳥海山の噴火は1974年2～5月に発生した。この噴火では、新山を挟む東西に火口が開き火山灰を噴き上げ、融雪火山泥流が流れ出た。

本州の関東・中部地方では、離島部を除き20世紀以降に流れた溶岩を見ることはできない。江戸時代までさかのぼると、浅間山の1783年の天明噴火で北側に流れ出た、鬼押出《おにおしだ》し溶岩があげられる。鬼押出しは観光地であるイメージが強いが、最近、山頂側の鬼押出し溶岩の上を通るガイド付きトレッキングツアーが行われている。

九州では、霧島山の新燃岳と、先に紹介した雲仙普賢岳の溶岩ドームである、平成新山が若い溶岩としてあげられる（図2－3）。この平成新山自体は、崩壊の危険などがあるため現在も登ることはできないが、すぐ隣の普賢岳山頂からその姿を望むことができる。雲仙岳には、ほかに1792年の噴火で流れ出た新焼溶岩もある。これは普賢岳の山頂の北側の火口から約2㎞にわた

図2-3　溶岩ドーム。雲仙普賢岳の平成新山

って山麓に流れ出たデイサイトの溶岩で、ちょっとしたハイキングと展望が楽しめる散策路が整備されている。

もう一つ忘れてならないのが鹿児島県の桜島だ。１９４６年に流れ出た昭和溶岩と１９１４年に流れ出た大正溶岩は、若々しい溶岩で、その中を通る遊歩道が整備されている。なお、桜島は深田クラブの選定した「日本２００名山」だが、１９５５年から連続して噴火活動を続けているため、南岳山頂火口から２km以内は常時立ち入りが規制されている。山には登れないが、火山大国日本の中でも、噴火の様子を眺められる可能性が高い山で、ビジターセンターなどの施設も充実している。噴火は鹿児島市街地からも望めるが、島の各地に展望台などがあり、そこからのほうが迫力

図2-4　樽前山山頂の溶岩ドーム

ある姿が望めるので、お勧めだ。桜島島内では、湯《ゆ》之平《のひら》、黒神《くろかみ》、有村《ありむら》によい展望台があり、島の東側では、道の駅たるみず、垂水《たるみず》市海潟の荒崎パーキングなどから、活動している昭和火口や南岳火口がよく望める。噴火と噴火の痕跡を見に訪れてみてはどうだろう。

北海道では、千歳空港の東にそびえる樽前山の溶岩ドームが生々しく最も新しい。北側から登山道を1時間弱かけて登ると、山頂近くの肩の上に出る。そこからシュークリームのような形をした、山頂の溶岩ドームを間近に望むことができる（**図2－4**）。この溶岩ドームは、1909年の噴火の際、火口に栓をするように現れた。樽前山は約9000年前に活動を開始した比較的新しい火山で、大規模な爆発的噴火を繰り返して現在の姿になった。溶岩ドームをつくった1909年の噴火は、樽前山の噴火としては小さなほうであるが、江戸時代の1667年と1739年の噴火は大変大きな噴火で、グリーンランドの氷床中にも、そのときの噴出物が挟まり記録されている。

そのほか、1944〜1945年の噴火でつくられた有珠山の昭和新山も山頂部は溶岩でできているが、これは地下で固まった溶岩が突き出てできたもので、地表に流れ出たマグマが固まったわけではない。

離島も含めた日本で一番若い溶岩は、小笠原西方海上につらなる火山列島の西之島にある。数年差だが、新燃岳の溶岩より後に流れ出た。2013年11月から2015年11月までの約2年間、噴火活動を行った西之島は、2017年4月に再び噴火し同年8月まで活動を行った。その後しばらくは噴火がなかったが、2018年7月18日にまた噴火し溶岩を流したが、7月30日には噴火活動が停止しているのが確認された。しかし、2019年12月5日に噴火が再開し、その後新たな溶岩が流れ出ていることが確認され、2020年1月も溶岩を流出させる活動を続けている。2020年現在、この西之島の溶岩が、日本で最も若いうえ、過去20年間に日本列島で発生した最大規模の噴火活動である。しかし、そこに行くのは難しい。

ふつうの人でも容易に近づけるところに限ると、最も若い日本の離島の溶岩は、伊豆大島の

1987年のものだ。この溶岩は、山頂の三原山から流れ出たもののほか、北側のカルデラ底とその外側に開いた割れ目火口から流れ出たものもある。カルデラ底に流れ出た溶岩の上には、三原山から温泉ホテルに抜ける登山道が通っているので、ぜひそこを歩いてほしい。

伊豆大島に限らず、伊豆諸島の火山は頻繁に噴火しているので、新しい溶岩を各島で見ることができる。たとえば、2000年に山頂部が大陥没してカルデラがつくられた三宅島には、阿古《あこ》で1983年の溶岩によって埋められた小学校が見学できる。火山の島である三宅島は、最近フリークライミングの島としても知られつつあるが、岩場はすべて溶岩だ。また2020年から、今まで立ち入りが制限されていた山頂付近にガイド付きツアーで登れるようになるそうだ。2000年につくられた大きなカルデラが一般の方でも直《じか》に望めるようになる。そのほか、江戸時代よりさかのぼり平安時代となるが、神津島の天上山《てんじょうさん》は838年、新島の向山《むかいやま》は886年の噴火でつくられた流紋岩《りゅうもんがん》の溶岩ドームだ。天上山は、島の山として人気があるが、一山すべて9世紀の平安時代にできたのだ。

このように噴火の痕跡を楽しめる山は各地にあるので、それも目的とすると登山はもっと楽しくなる。

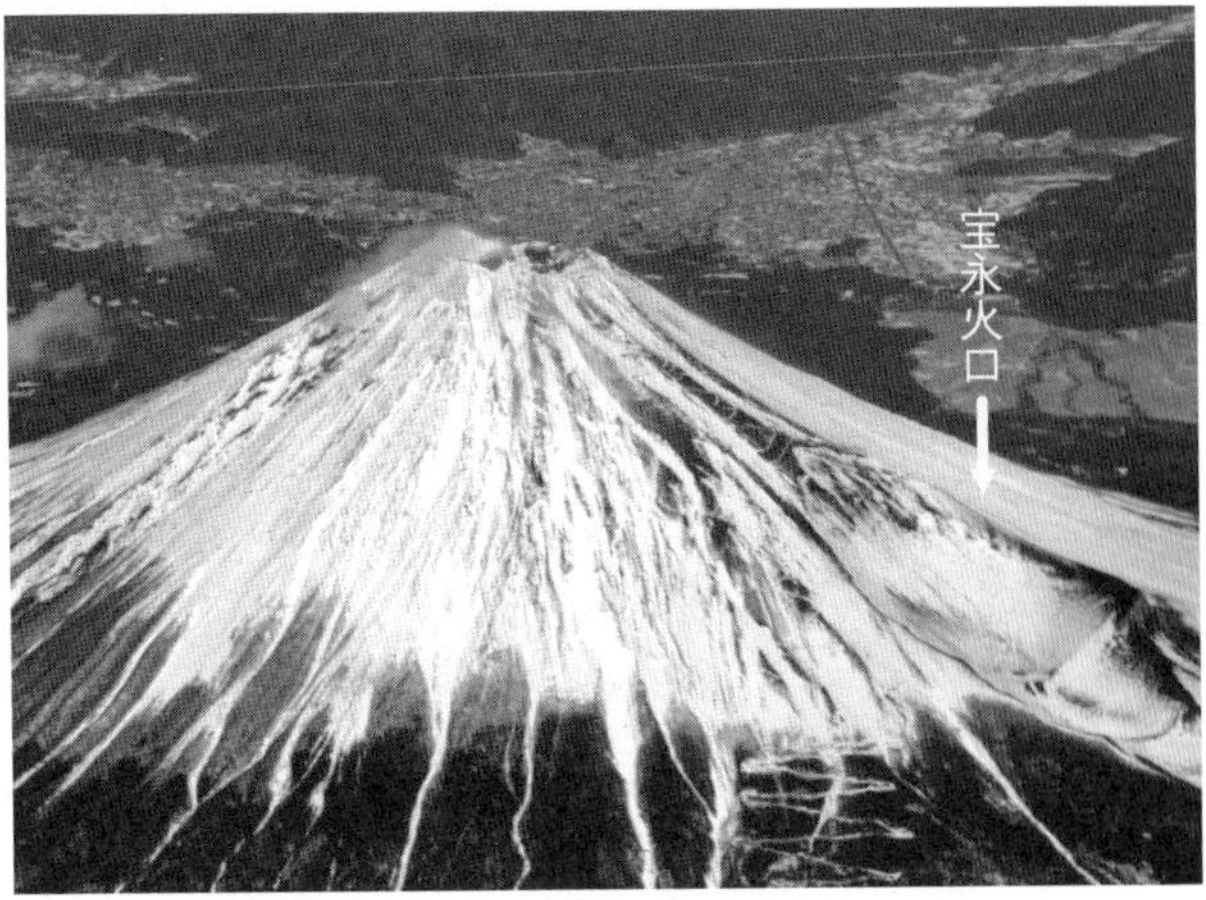

図2-5　富士山の山頂火口と、江戸時代の大噴火でつくられた宝永火口

火口を楽しむ　地形と火山弾

火山には火口がある。しかも山頂付近にあることが多い。登山は、地球のでっぱりによじ登る行為だが、火口は凹《へこ》みなので、山頂部まで登り、再び凹みを目指してそこに降りるというのは登山という行為の反対を行っているようである。このマイナス登山的な行為は人を惹《ひ》きつけるのか、しばしば火口に降りる道がある。

火山の山頂は、いわばマグマが一番多く噴出し積み重なった場所であるが、そのマグマの出口は凹んでいる。その凹みをつくる地形を火口とよび、多くの場合、そこはすり鉢状の丸い形をしている（**図2-5**）。しかし、小さな丸い火口がつらなったり、線上をなしているものもある。このような火口は割れ目火口とよばれ、水蒸気噴火や玄武岩質火山の噴火で形成されることが多い。

火口は単純なすり鉢型をしていることもあるが、さらに一回り小さな穴が空いていたり、溶岩がつまっていたり、複雑な形であることも多い。複雑な地形が、どのような噴火によってできたかを考えるのも火山の面白みであろう。

伊豆諸島の最高峰、八丈島の西山（８５４ｍ）を例にあげてみよう。この西山は端正な姿をしており、八丈富士ともよばれる山だ。その山頂には、直径５００ｍほどの大きな火口があるのだが、その火口の縁に立つと、少し凹んではいるが、その中はほぼ溶岩で埋め尽くされている（図２－６）。火口縁から火口の中に降りてみると、登山道は溶岩の割れ目を縫うように進んでいる。その割れ目を抜けた先には、直径２００ｍあまり、深さ70ｍの深い火口がぽっかりと口を開けている。外側の火口をつくった噴火の後、それを溶岩が埋めるような噴火があって、さらに、その溶岩の一部に火口を開けるような噴火を行った結果、このような地形となったのだ。火口の中を埋めている溶岩は、八丈島の最後の噴火である

図2-6　八丈島西山の山頂火口。火口の内側の壁には火山の断面も見える

１６０５年の噴火の噴出物に覆われていないこと、確かな噴火記録がそれ以降ないことから、その噴火の末期に流れ出たものと考えられているが、内側の小さな火口がその後の噴火によるものかはわかっていない。

火口は単なる穴だけでなく、周囲に火山噴出物を降り積もらせ、小山をつくることもある。それらは火砕丘《かさいきゅう》とよばれ、端正な形をしているものが多いが、不思議な形をしているものもある。岩手・秋田県境の秋田駒ヶ岳は、山頂部にいくつかの火口が開いている。その一つの小岳は、その上の植生もあわせてみるとカタツムリのような形をしている（**図2－7**）。このような形はどうしてできるのだろうか？　おそらく大きな火口がつくられた後、火口が少しずれて中を半分埋めるように小山が成長したためと思われる。

さらに火口の周辺では、特徴的な火山弾が見られるこ

図2-7　秋田駒ヶ岳、女岳隣の小岳

図2-8　火山弾。紡錘状火山弾（下）、パン皮状火山弾（上）

とがある。火山弾というと、その語感から空中を飛んできて、当たるとただ事でない感じがするが、これは特徴的な形や内部構造をもつ長径64㎜以上の火山岩塊《がんかい》以上のサイズの岩のことだ。なお、特徴的な形をしていないと、大きな岩塊でも火山弾とはよばれない。火山弾でなくても大きな岩塊が噴火によって飛んできたら危ない。

よく見られる火山弾として、紡錘《ぼうすい》状火山弾とパン皮状火山弾があげられる（図２－８）。紡錘状火山弾は玄武岩から玄武岩質安山岩《あんざんがん》質の、パン皮状火山弾は安山岩から流紋岩質のマグマを噴出する火山でよく観察される。

「ベゴ」という名の火山弾が、宮沢賢治作の童話『気のいい火山弾』に出てくるが、「ベゴ石は、稜《かど》がなくて、丁度卵の両はじを、少しひらたくのばしたような形でした。そして、ななめに二本の石の帯のようなものが、からだを巻いてありました」と紹介されている。卵の両はじを引き伸ばしたような形は、まさに紡錘状火山弾の形の特徴だ。このような形は、まだ柔らかく変形できるようなマグマが火口から吹き飛ばされたときに回転しながら引きちぎれてできる。

一方、パン皮状火山弾は紡錘状火山弾にくらべてやや角があり、表面に網目状のひび割れがある。割れ目を覗くと、バリッと割れた外側と、ふっくらとふくらんだ内側が観察できる。このような形態から、パン皮状火山弾は外側が冷えて硬くなった後に中がふくらんでできたことがわかる。パン皮状火山弾に似た形のものは、スコーン、焼きもち、揚げもちなど身近な食べ物にたくさんある。いずれも、柔らかい内側がふくらんでいくことで、硬い外側が割れてできた形だ。このように形からでき方を推定することは地質学ではよく行われる。

日本には玄武岩質の火山が少ないので、富士山や伊豆大島などを除き、紡錘状火山弾が見られる山はあまり多くない。その一方、パン皮状火山弾は各地の火山で観察できる。吾妻山の吾妻小富士、草津白根山、浅間山、乗鞍岳の剣ヶ峰周辺などでは、簡単に見つけられるだろう。火口の近くに行ったら、足元に転がる石から火山弾を探して、過去の噴火に思いをめぐらせてみてはいかがであろうか。

展望、温泉、生きている火山

火山の山頂は、展望がよいことが特徴だ。火山は地下からマグマが噴出して高くなったところなので、周囲の山の上にマグマが重なってさらに高くなっていることが多い。そのため、周囲から突き出た独立峰となる。さらに、活火山の場合、最近の噴火により火口周辺の植生が失われるため、高木が少なく、場合によっては植生のない裸地となり見通しがきく。多くの火口は山頂近くにあること、火山は地域の最高峰であることも多いことから、雄大な展望が楽しめる山が多い。全国で111ある活火山で展望の悪い山はほとんどないといってよいだろう。

さらに、火山といったら温泉だ。温泉が湧いている場所は、火山とは限らないが、高温の温泉が豊富に湧いているところは、火山かその周辺であることがほとんどだ。そのため、火山やその周辺の沢沿いなどには自然に湧出した野湯もあり、それを目当てに訪れる人もいるくらいだ。完全に手つかずの自然な温泉だけでなくても、山の中の温泉は数多くある。歩いてしかたどり着けない、かつ有名な温泉だけでも、安達太良山のくろがね小屋、那須岳の三斗小屋温泉、苗場山の赤湯温泉、八ヶ岳の本沢温泉、九重山の法華院温泉など多数にのぼる。

また、噴火していなくても、活発な噴気活動が見られる火山は多い。日本百名山の山々でも、雌《め》阿寒岳、大雪山の旭岳、十勝岳、吾妻山の大穴、磐梯山、那須岳の茶臼岳、草津白根山、浅間山、妙高山、焼岳、御嶽山の地獄谷、九重山の星生《ほっしょう》山、阿蘇山の中岳、霧島山の硫黄山などでは、活発な噴気・噴煙活動が見られる。

安全なところから眺める噴火は、迫力があるうえ美しく魅力的だ。特にマグマ噴火を見ると、赤熱したマグマが火口から飛び出す様子が見られ、大変美しい。マグマが直接見えなくても、火口の中の赤熱したマグマが火口壁や噴煙を赤く照らす火映《かえい》という現象も見ることができる。阿蘇山の中岳には活動が活発になると、火映や赤熱したマグマを見ることができるので有名だ。そのようなときは平穏時に近づける火口の縁には立ち入れないが、近くの草千里展望所などに、夜にもかかわらずカメラが並ぶこともある。この火映などは、活動中の浅間山や桜島でもよく見られる現象だ。噴火の際は、規制区域の外の火口が眺められる場所から、ぜひ見てほしい。その際、火口の縁が見える場所を選ぶこと、火山灰が降ってくる方向からは見えにくい、ないし見えないことに注意されたい。

火山登山と地形

火山に登る登山道には、単調な急登が続いたり、ほどほどの傾斜で順調に高度を稼げたり、急登と緩斜面が繰り返したりとさまざまな特徴がある。この地形の違いは、火山のでき方が異なることから生まれているのだ。

爆発的噴火では、火口から噴き出た火砕物が四方八方に飛び散り、それが積もって山をつくる。このようにしてできた山は、火砕丘とよばれる、きれいな富士山型の山や丘となる。福島県の吾妻山にある吾妻小富士や浅間山の山頂の前掛山などはこのようにしてできた山だ（図2-9）。火砕

図2-9　浅間山の前掛山。西側の黒斑山から撮影

物が降り積もってできた山は、ある角度の斜面をつくる。砂などをサラサラと落とすと一定の斜面のきれいな円錐形の山ができるのと同じ理屈だ。このようにしてできた火山に道がつくと、ある勾配の斜面が続くため、単調に高度を稼ぐ変化に乏しい道となるのである。

その一方、溶岩噴火では、溶岩がドロッとした流体として流れくだり、それが固まるので、周りが急崖に囲まれ上面が平たい舌状の地形をつくる。そのため、そこに登山道がつけられると、溶岩の厚さ分だけ急斜面を登り、溶岩の上に出ると比較的緩やかな斜面となるような道となる。溶岩の厚さは、せいぜい100m程度であることが多い。そのため、厚い溶岩が重なってできた火山に登ると、数十分ほど急登を我慢すれば、傾斜は緩くなり、再び急登が出てきても、少し我慢すれば緩くなるを繰り返す。その好例が厚い溶岩と後で述べる溶岩ドームでつくられた北八ヶ岳だ。北八ヶ岳の登山道の急登は、しばらく我慢して登ると、すぐ緩やかになったり、山頂に到着したりする。

また、粘っこい溶岩は遠くまでドロドロと流れることがないので、ボテッとした形、長さに対して厚さが厚い丘のような地形をつくる。このような溶岩の丘を溶岩ドームという。溶岩ドームがつくる山は、各地にあり、日本百名山では、羅臼《らうす》岳、トムラウシ、焼岳、大山《だいせん》、九重山などがそれに当たる。特に大山は、山頂部が弥山《みせん》溶岩ドームという一つの大きな溶岩ドームでつくられている。おそらく、日本一大きい溶岩ドームではなかろうか。溶岩ドームは、厚い溶岩であるため、そこを登る登山道は急登となる。しかし、溶岩ドームの高さは、多くの場合300〜400m程度なので、1時間程度我慢すれば登りきることができる。

この溶岩ドームは、英語の「lava dome」の日本語訳で、かつては溶岩円頂丘と訳されることが一般的であった。しかし、雲仙普賢岳の1990〜1995年の噴火で溶岩ドーム（図2-3）が形成され、連日のようにその名が報道されたこと、1988年建設の東京ドームを皮切りに、各地に屋根付きの球場が建設され、○○ドームという名称が広まったことなどから、今は溶岩ドームのほうが一般的だ。

多くの火山は、爆発的噴火と溶岩噴火を繰り返して成長し、成層火山をつくることが多い。つまり火砕物と溶岩のつくる斜面が混在しているので、火山の登山道は両方の上を通ることが多い。しかし、爆発的噴火が多い火山は、単調な登りになる斜面が多いし、溶岩が多い火山は、急になったり緩くなったりと変化が激しい。火山のでき方で、登山道の様子も変化する。

さらに、傾斜だけでなく、噴出物の違いでも登山道の様子が変わってくる。登山道の通る地面も爆発的噴火でできた火砕物のところと溶岩でだいぶ様子が異なるのだ。

火砕物の上は、たくさんの小石を積もらせたような道となり、滑りやすい。富士山の砂走りなどは、まさにそのようなところだ。火砕物は砕けたマグマが固まった粒からなる石なので、それほど大きな塊とはならないことが多い。またしばしば火山ガスの抜けた孔《あな》がたくさん空いているため軽い。歩くだけで簡単に動くため、ザラザラと崩れやすく、急斜面では石車にのって転びやすい道となる。

その一方、溶岩の上を通る道、特に安山岩やデイサイトの溶岩の上では、溶岩が流れる最中に冷えて固まって砕けた大きな石の上を歩くことになる。ゴロゴロとした石の上を歩くことが多いが、石が大きいので、石そのものが動くことはあまりない。そのため、火砕物の上より歩きやすいが、その石が大きくなると、それを登ったり降りたりするような細かいアップダウンができるので、意外と疲れる。北八ヶ岳の雨池峠から三ツ岳を経て北横岳に至るコースは、距離のわりに時間がかかる。これは特に三ツ岳周辺が新しい溶岩の上を歩くので、細かいアップダウンがたくさんあるためだ。このような溶岩も、時間が経つと、森林に覆われる。浸食や崩壊により細かいアップダウンも徐々に埋め立てられて、ゴロゴロとした岩の上に木々が生える深い森となる。そのような溶岩が苔むすと、もこもことしたた岩々の上に生えた木々が深い森をつくる。このような景観は火山地域の溶岩の上に生えた亜高山樹林帯ではよく見られる。北八ヶ岳の白駒池の周辺の苔の森は、そうやってできた溶岩の上の森だ。

なお、火砕物も溶岩もある角度以上の斜面をつくるのは難しい。35度以上の傾斜の斜面をつくることは稀で、多くの場合はそれ以下だ。35度というと、ちょうどスキー場の上級者向けの斜面だ。火山をつくる斜面の多くはそれ以下なので、スキーをするのに向いた斜面がたくさんある。そのため火山は、山スキーのよいフィールドになっている。ニセコ、蔵王山、磐梯山、志賀高原、乗鞍岳、妙高山、大山など火山に著名なスキー場がたくさんあるのもそのためだ。岩手県の安比《あっぴ》高原、岐阜県のひるがの高原、中国地方の神鍋《かんなべ》高原、氷ノ山《ひょうのせん》などのスキー場も古い火山のつくる地形の上にある。なお、さらに急な壁のような斜面が火山の上にあることもあるが、それは浸食や崩壊などでつくられた崖であることが多い。

火山と湖　火口湖とカルデラ湖

山に登って高いところに水が溜まっているのは不思議な景色で、印象に残る。また、水と山が合わさった景観は多くの人に好まれるので、山に隣接した湖は、各地で景勝地として親しまれている。火山には湖がたくさんあるので、それも大きな魅力だ。火山によってつくられる湖で代表的なのは火口湖とカルデラ湖だ。いずれも、噴火によって噴出物が出た凹みに水が溜まったものだ。そのほか、噴出物が沢や川などをせき止めてつくるせき止め湖も火山の周囲で多く認められる。

火口湖はその名のとおり火口に水が溜まってできた湖だ。羊蹄山《ようてい》（後方羊蹄山《しりべし》）の半月湖、岩手山の御苗代湖《おなわしろ》、鳥海山の鳥海湖、吾妻山の五色沼、桶沼、立山のみくりが池、鷲羽岳《わしば》の鷲羽池、乗鞍岳の権現池、御嶽山の二ノ池と三ノ池、白山の翠《みどり》ヶ池、霧島山の大浪池などはすべて火口湖だ。

蔵王山の御釜《おかま》、草津白根山の湯釜は、火口底から湧出した温泉や火山ガスが湖水に混ざって溜まっている強酸性の湖で、湖水に含まれる鉄イオンや硫黄によって、エメラルドグリーンなどの独特の色をしている。これら御釜や湯釜は、近年もしばしばそこから噴火が発生している活動的な火口湖だ。また、火山活動が活発化すると干上がってしまうが、最近もたびたび噴火している阿蘇山の中岳の火口の中にも普段は温泉が溜まり、エメラルドグリーンの湖を火口底に見ることができる。

また、活動的な火口湖は、火山活動によって湖水の色や形を短い時間で変える。火口から噴火が発生すると、水柱を上げ、噴出物と水蒸気まじりの噴煙を立ち上げ、変化に富んだ噴火を見ることができる。なお、噴火によっては火口湖の水があふれ、下流に洪水を引き起こすこともある。実際、被害も生じているので噴火の際は火口湖の下流は十分注意する必要がある。

さらに、大きな火口ともいえるカルデラに水が溜まるとカルデラ湖とよばれる。代表的なものは北海道の摩周湖、屈斜路《くっしゃろ》湖、支笏《しこつ》湖、洞爺《とうや》湖、東北の十和田湖、田沢湖、九州の池田湖などだ。

火山が噴火して、噴出物がダムのように川をせき止めると、せき止め湖をつくる。特に凸凹《でこぼこ》した起伏の富んだところに火山が噴火すると、溶岩や火砕流などの噴出物が、いたるところで沢をせき止め、湖がたくさんできる。そのため、火山とそれ以外の山の境目には、そのようにしてできた湖がたくさんある。

富士山の北側の富士五湖は、富士山とその北側の火山でない御坂《みさか》山地の間に水が溜まってできたものだ。このうち西《さい》湖、精進《しょうじ》湖は、かつては「せのうみ」とよばれる一つの大きな湖であったが、平安時代に発生した富士山の最大級の噴火、864〜866年の噴火で流れ出た溶岩で埋められて二つに分断された。この噴火の溶岩は現在の青木ヶ原樹海下の地表をつくる広大な溶岩で、その一

図2-10　日光華厳の滝。滝のかかる帯状の岩が男体山からの溶岩

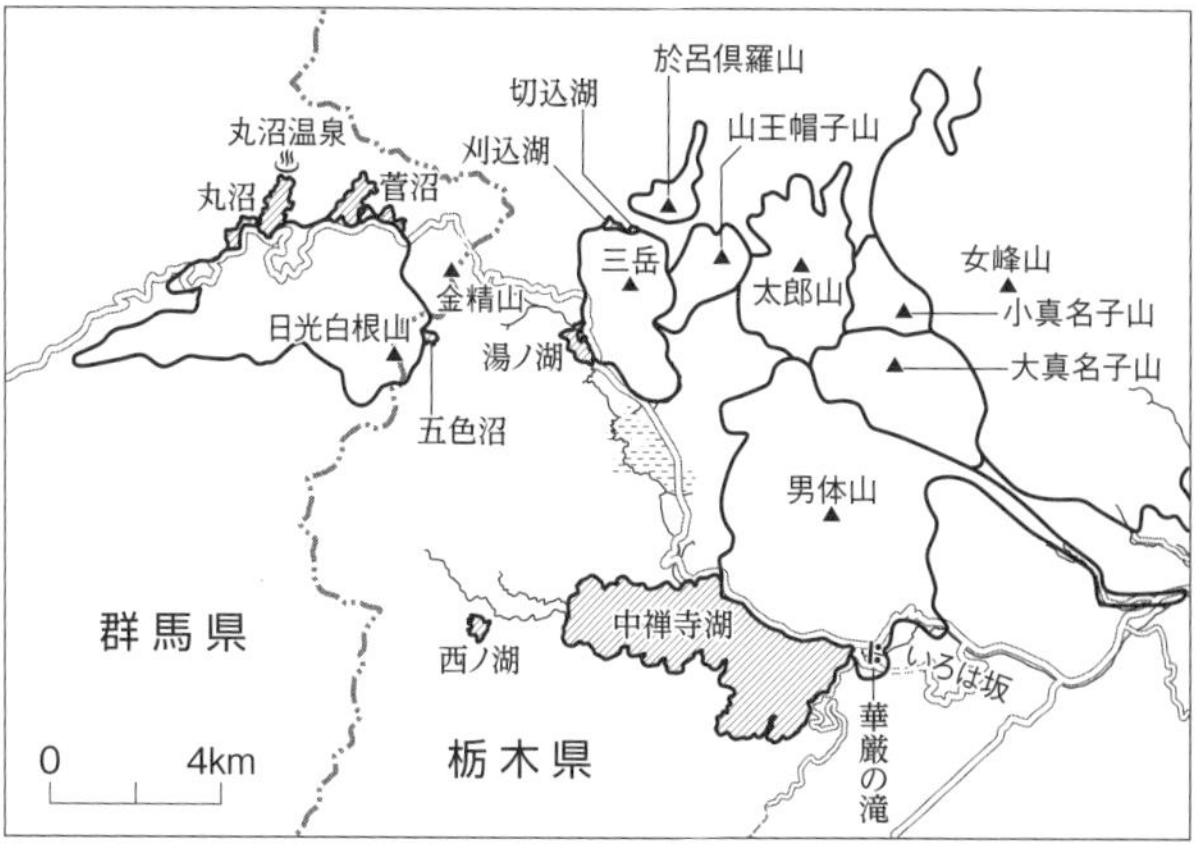

図2-11　奥日光の火山と湖

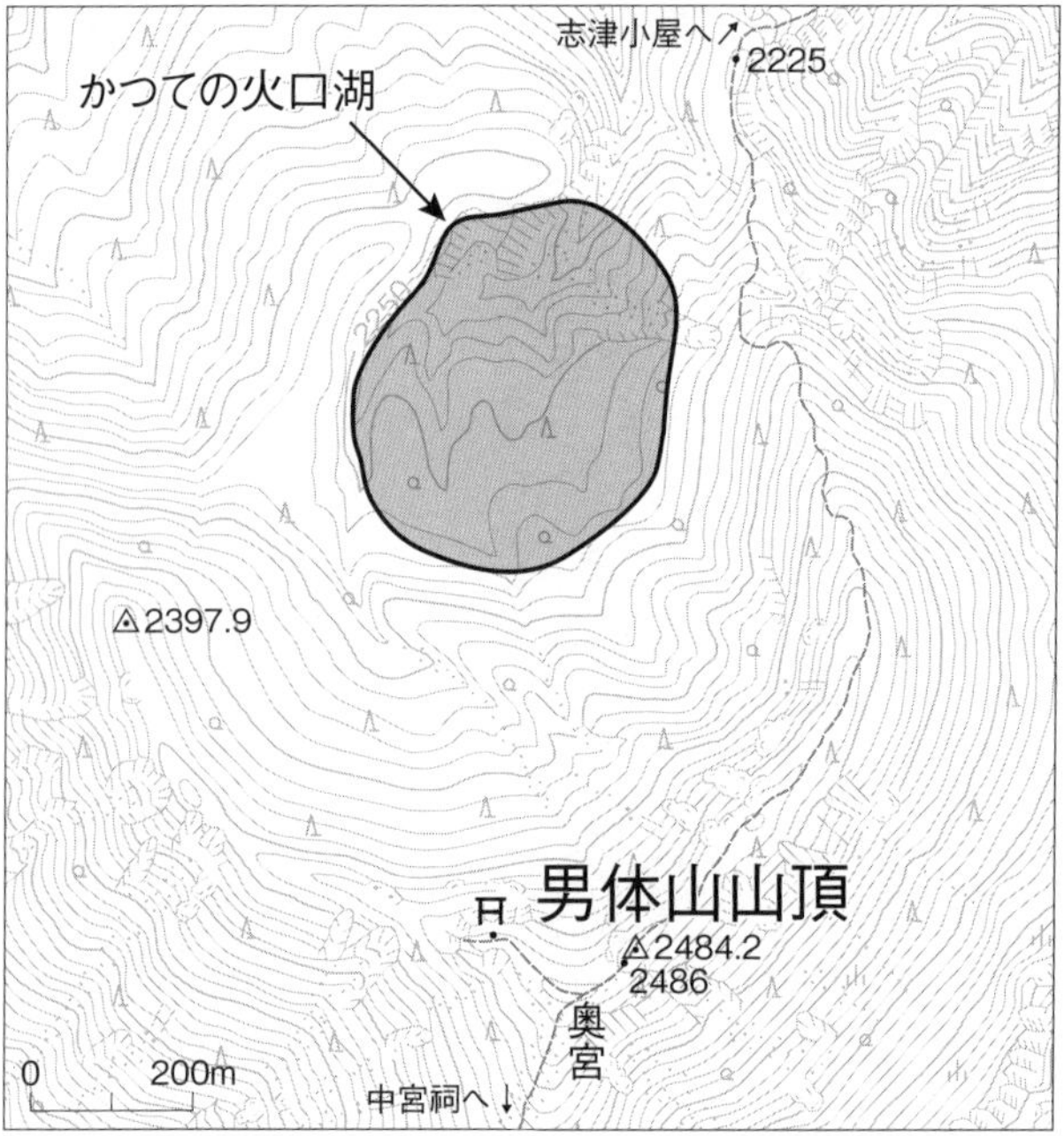

図2-12　男体山山頂の火口湖跡

部は本栖《もとす》湖にも流れ込んでいる。

奥日光の中禅寺湖は、その北側の男体《なんたい》山から流れ出た溶岩により川がせき止められてできた湖だ。せき止められた水はあふれ出して、華厳の滝となって流れ出ている。華厳の滝をつくる高い崖は、川をせき止めた溶岩の断面である（図2−10）。

奥日光から日光白根山の周辺は、火山によってつくられたせき止め湖が数多くある地域だ。この地域には女峰《にょほう》山、男体山、大真名子《おおまなご》山、小真名子《こまなご》山、太郎山、山王帽子《さんのうぼうし》山、於呂倶羅《おろぐら》山、三岳《みつだけ》、金精《こんせい》山、日光白根山、四郎岳、錫《すず》ヶ岳などのたくさんの火山がある（図2－11）。さらに、中禅寺湖のほか、西ノ湖、湯ノ湖、切込・刈込湖、蓼《たて》ノ湖《うみ》、菅沼、丸沼、五色沼、弥陀ヶ池などのたくさんの湖もある（図2－11）。このうち、西ノ湖を除く湖は、すべて火山噴火に関連してできた湖だ。ハイキングコースとして人気のある切込・刈込湖や湯ノ湖は三岳の噴火活動によってせき止められてできた。三岳の溶岩が流れ出ることで、周囲の火山でない山々との間に窪地ができ、そこに水が溜まり湖となったのだ。日光白根山周辺の菅沼、丸沼、五色沼も同様にしてできている。そのほか、北海道の阿寒湖、然別《しかりべつ》湖、長野県の志賀大沼池なども火山噴火によってせき止められてできた。

なお、奥日光の山々には、もう一つの火山と湖にまつわる話がある。奥日光のシンボル的な山で日本百名山にも選ばれている男体山の山頂に、かつて火口湖があったのだ。この男体山は2017年に気象庁が新たに活火山と認定したが、その根拠となった研究で山頂に火口湖があったことがわかったのだ。

男体山に中禅寺湖側の二荒《ふたら》山神社中宮祠から登ると、単調な急登の末に大剣の立つ山頂に至ることができる。山頂からは大展望が広がり、足元に中禅寺湖や戦場ヶ原が、遠くに日光白根山や燧《ひうち》ヶ岳などの山々が望めるが、北側のすぐ近くに目をやると、山頂より一段低い平坦な地形が見える。この平坦な部分が、かつて火口湖があった場所だ（図2－12）。平坦な部分の北側の、山頂から見える白い崖のあたりに行くと、そのときの火口湖に溜まった地層が観察できる。この大きな火口湖は約1万4000年前以降から約7000年前まで7000年間ほど存在した。

この火口湖に溜まった地層中には湖の中で噴火したと考えられる火山噴出物が挟まっているので、たびたび噴火を行う活動的火口湖であったのであろう。おそらく当時は、草津白根山の湯釜や蔵王山の御釜、阿蘇山の中岳のようなエメラルドグリーン色の火口湖が広がっていたのであろう。

火山は突然崩壊することもある。火山体が崩壊するとその土砂によって川などがせき止められて湖ができる。火山が崩れると、その崩れ落ちた土砂の中に、火山のかけらが小さな丘となって点在する。火山学ではこの小山のことを「流れ山」とよぶ。流れ山は、湖では小島となり、湖面にアクセントを加える。

明治時代の1888年、福島県の磐梯山の北側が水蒸気噴火を伴い崩壊したことは有名である。磐梯山の北麓の檜原《ひばら》湖、小野川湖、秋元湖はこのときの崩壊でつくられた湖だ。また、北海道駒ヶ岳の麓の大沼は、江戸時代の1640年の噴火に伴う崩壊でつくられた。これら湖には、湖面に浮かぶような流れ山が多く見られ、景観にアクセントを加えている。さらに、流れ山こそ湖面に顔を出していないが、燧ヶ岳の麓の尾瀬沼や磐梯山の南麓の猪苗代湖も山体崩壊でできた。

そのほか火山の上には溶岩などの窪地に水が溜まった湖もたくさんある。北八ヶ岳の白駒池や雨池、八甲田の蔦七沼はそのような湖である。

　このように、火山周辺には、その活動によってつくられた湖がたくさんあり、登山の楽しみを広げている。

滝と溶岩　滝も火山の恵み

　火山には大きな滝がたくさんある。高い崖から一気に落ちる直瀑《ちょくばく》をつくることもあり、岩肌を流れくだる滑滝《なめたき》をつくることもある。これらの滝も火山の恵みだ。

　多くの火山は、硬い板状の岩石とガラガラとした未固結の砂礫《されき》や岩塊が交互に積み重なっている。火山をつくる主な構成物は、溶岩だ。ドロドロに溶けた溶岩が冷えて固まると、連続した岩となる。冷えて固まるときにつくられる割れ目は入るものの、しっかりとした岩が連続的に続くのだ。その断面は帯状に見えるので、火山の断面を見ると、帯状の岩石が縞々をつくっている（**図２－13**）。

　溶岩が流れているとき、その表面や下面は、空気や地面によって冷やされて先に固まり、硬い岩石の殻をつくる。しかし、その上や下を溶けた溶岩が流れくだるので、先に固まった部分は砕け、ばらばらの岩塊となる（**図２－14**）。一方、真中の連続して流れているドロドロに溶けた部分が固ま

図2-13　磐梯山北側の1988年噴火による崩壊壁に露出する火山の断面。崖で層状にみえるのが溶岩などの断面

ると、連続した岩となり、帯状の部分をつくる。そのため、溶岩が累々と重なると、その断面は、ばらばらの岩塊、連続した帯状の岩、ばらばらの岩塊のセットが積み重なることになる。さらにその間に、爆発的噴火で砕けた噴出物、火砕物などが挟まることもある。このような砕けた噴出物と、溶岩などでできた帯状の岩石が重なって火山をつくっているのだ。

　このような火山が川などで削られるとどうなるであろう。柔らかい砕けた噴出物のところは簡単に削られ、そうでない帯状の岩石のところは削られにくい（図2-14）。そのため、川の浸食は、硬い溶岩の帯状の岩石のところで止まり、滑滝となるのだ。川がさらに硬い部分を削り、突き破ると、その下の柔らかい砕けた岩石の部分が現れる。その部分は削れやすいので、破ったところから下流はどんどん掘られていき直瀑をつ

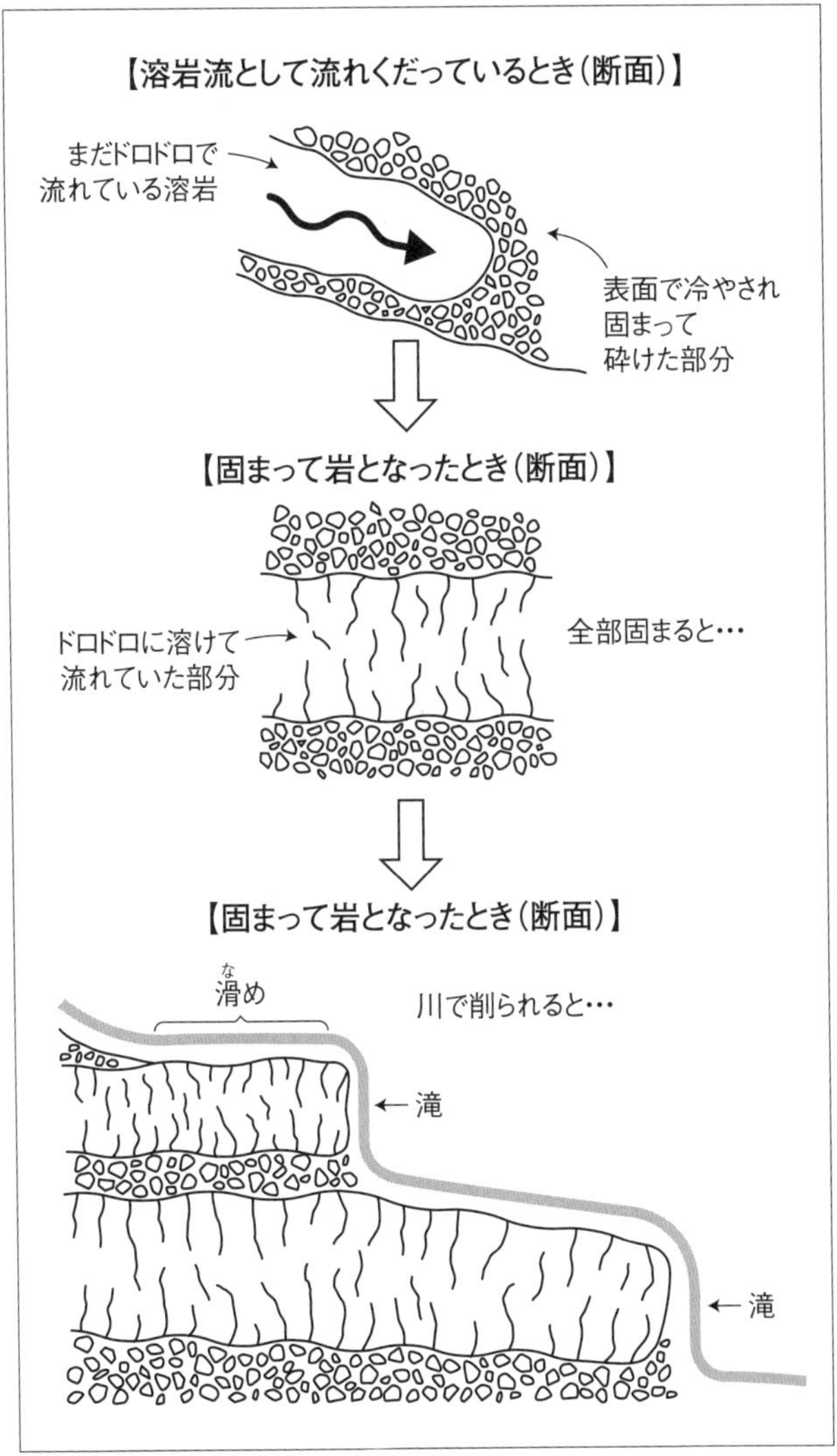

図2-14　溶岩の断面と滝ができるわけ

図2-15　溶結凝灰岩。矢印が溶結レンズ。北海道層雲峡溶結凝灰岩

図2-16　大雪山山麓の天人峡の溶結凝灰岩。上の縦に入った割れ目(柱状節理)のある部分が溶結凝灰岩

くる。そのため、溶岩が複数の溶岩が重なっている場合、滑滝、直瀑、滑滝、直瀑を繰り返す。

　一方、爆発的噴火で発生した火砕物も、それが熱いうちに厚く溜まると、自身の熱でくっつきあって、硬い岩となる。このような現象は溶結とよばれ、この溶結できた岩石は溶結凝灰岩《ぎょうかいがん》とよばれている。大規模な火砕流堆積物ではよく見られる岩石で、九州の阿蘇カルデラの形成に関連した阿蘇4火砕流堆積物や北海道の支笏湖をつくった支笏火砕流堆積物などの溶結凝灰岩は有名だ。溶結凝灰岩は、自身の熱で柔らかくなって自重でつぶれていくので、中に含まれる熱をもって柔らかい火砕物、軽石などは平たく変形してレンズ状になる（図2―15）。そのため溶結凝灰岩には溶結レンズとよばれるレンズ状の模様がたくさん入っているのだ。ちなみに、溶結凝灰岩は硬いが、花崗《かこう》岩《がん》などとくらべて加工しやすく、各地で石材として使われている。

　溶結凝灰岩も厚い硬い岩となるため、高い滝をつくる。大雪山の麓の層雲峡や天人峡は、山頂の御鉢カルデラをつくった約3万8000年前の噴火で発生した火砕流堆積物が溶結し、それが浸食されてできた峡谷だ（図2―16）。層雲峡の銀河・流星の滝や天人峡の羽衣の滝は溶結凝灰岩の崖にかかる滝だ。立山の麓にある日本一の落差を誇る称名《しょうみょう》滝とその上のゴルジュ（峡谷）は、およそ10万年前の噴火で流れ出た、溶結した火砕流堆積物によってつくられた。滝の落差を超える厚さで火砕流堆積物が谷を埋め尽くし、自身の熱でカチカチに固まってできた硬い溶結凝灰岩を、称名川が削り続け、滝をつくったのだ。また、硬い溶結した火砕流堆積物も上下に溶結していない火砕物があるので、溶岩と同じく滑と滝をつくる。

このように、火山は滝、滑滝、滝といった繰り返しをもつ沢がつくられやすい。そのため変化に富み、登って楽しいものが多い。

豊富な湧水　スカスカな火山

第1章ではマグマは泡の力で上がってきて噴火することは説明した。地表に出た泡だらけのマグマが冷えて固まると、マグマに含まれている火山ガスがほとんど抜けてしまう。そのため地表に出たマグマが固まった火山岩は大なり小なり孔が空いている。この孔は火山ガスの抜けた跡だ。そのため火山岩は、隙間に水が溜まりやすく、地下水を豊富に蓄える。

ボルビック（Volvic）という世界的なミネラルウォーターのブランドがあるが、これも火山の恵みだ。ボルビックはフランス中央部のオーヴェルニュ地方にある火山地帯で採取された水だ。ボルビック（Volvic）の響きは、英語でいう火山 Volcano に似ているが、それは偶然の一致でなく、火山にちなんでつけられた名前なのだ。

日本の火山でも、地下水が豊富に湧き、ミネラルウォーターとして採取されているばかりでなく、数々の名水・湧水が知られている。富士山にちなむ山梨県の忍野八海《おしのはっかい》、富士宮市の白糸の滝や三島市周辺の柿田川などがその代表で、熊本市の水前寺公園の湧水は阿蘇カルデラの外輪山に蓄えられた地下水が湧き出たものだ。

このほか、環境省の名水百選に選ばれているような湧水は火山に関係したものが多く、羊蹄山（後方羊蹄山《しりべしやま》）からは吹き出し公園、鳥海山からは山形県遊佐《ゆざ》町の湧水群、秋田県の出坪《でつぼ》、元滝《もとたき》伏流水、栃木県の高原山《たかはらやま》（釈迦《しゃか》ヶ岳）からの尚仁沢《しょうじんざわ》名水、八ヶ岳南麓高原湧水群、雲仙岳の麓では島原湧水群、阿蘇山からは阿蘇白川水源、霧島山からは宮崎県小林市の出《いで》の山湧水や鹿児島県湧水町の丸池湧水など枚挙にいとまがない。

噴火によって生まれる多様な植生

湖や滝に限らず日本の景観の多くは、火山噴火が作り出しているといっても過言ではない。火山噴火は、そこに生えている植生を破壊し、地形も一変させる。植生が外的な要因で変化することを、生物学的に「攪乱《かくらん》」という。攪乱とは、ある安定している状態を崩すという意味で、まさに火山活動は、既存の自然環境をリセットする役割を果たしている。

たとえば、群馬・長野県境に位置する浅間山（2568m）は、平安時代末期の天仁年間の1108年と、江戸時代の天明年間の1783年に大きな噴火をしているが、最近もたびたび噴火活動を繰り返している火山だ。標高は、その地域の森林限界をわずかに超える程度だが、活動的な火口のある釜山および前掛山の山頂から、かなり下のほうまで植生のほとんどない荒涼とした風景が広がる。これは江戸時代の大噴火で広範囲に植生が破壊されたためだ。その後数百年は大きな噴火がなかったため、山腹では徐々に植生が回復し、森が山腹を這うように山をのぼり始めている。

この火山噴火による攪乱は、生物学的にも望ましくないことではない。なぜなら、生物の多様性をもたらすからだ。植物は攪乱がなく、同じ環境が続けば、「極相林《きょくそうりん》」とよばれる特定の種目だけが占める森になる。しかし、火山噴出物によって植生が失われ裸地が生まれると、そこには極相林にはない多様な環境が生まれる。植生が失われた地域では、まず明るいところを好む草木が生え始める。しかし、徐々に草木の密度が高まることで、日陰が増えることから、日陰を好む植物が生えるようになる。そして、最終的に植生はこの状態で安定する。このような植生の変化の過程は「遷《せん》移《い》」とよばれ、最終的につくられる森のことを極相林というのだ。しかし、極相林で安定してしまうと、自然環境が単調になる。それに対し、火山噴火がその単調性を攪乱してくれることで、多様性が生まれるのである。つまり、火山は地形的な多様性を作っているだけでなく、多様な植生も生み出しているのだ。多様な地形環境や植生は、そこに住む動物たちも多様にする。そのため、多様な地質環境が生まれる火山では、生物多様性にも富む場所となる。

氷期の生き残りといわれるライチョウ

かつて立山や穂高連峰などの日本アルプスの高峰などを氷河が覆っていた時代があったが、現在を含む地質時代である今から約１万１７００年前からはじまる完新世《かんしんせい》に入ると、現在のような温暖な気候となった。その氷河がかかっていた寒冷な時期である氷期に生息していた動植物が、高山植物やライチョウなどである（図2－17）。寒冷な氷期には、標高の低いところでも生息できていたそれらは、氷期が終わり暖かくなるにつれ、冷涼な高山のみでしか生活できなくなったのだ。

乗鞍岳ならびに御嶽山はライチョウが生息している地域として有名だ。ライチョウは、高山が氷河に覆われていた氷期の生き残りだ。日本のライチョウは、冬場以外は、ハイマツ帯がある地域に生息しており、ハイマツを使って天敵から身を隠したり、食料を得たりしている。しかし、ほかの火山でない北アルプスの山々は、急峻であるため、広いハイマツ帯がある場所はそれほど多くはない。そのため、ライチョウが巣をつくり、子育てできる場所が少ない。一方、乗鞍岳や御嶽山は、火山であるゆえ急傾斜の場所が少なく、ハイマツ帯が広く分布している。ライチョウが生息するのに適した場所が広くあるのだ。そのため、乗鞍岳や御嶽山にはライチョウが多い。白馬乗鞍岳も北アルプスの中では小さな山だが、ライチョウがたくさん住んでいる。この山も古い火山で、平坦な地形が広がるため、ハイマツ帯の面積が広いからだ。ライチョウは繁殖期に縄張りを決めて生息する鳥類で、生息可能な面積が広ければ広いほど個体数も多くなる。高山の火山にはライチョウが住みやすい環境が広がる。

砂礫地を好むコマクサ

「高山植物の女王」ともよばれるコマクサは、砂礫地の斜面を好む。北海道の大雪山をはじめ、岩手山、秋田駒ヶ岳、蔵王山、御嶽山、乗鞍岳、白馬岳、八ヶ岳など多くの火山で大群落が見られる（図2-18）。コマクサのコマとは駒、つまり馬のことだ。ピンク色で、細長い花の形が馬の顔に似ていることから、その名がついた。ケシ科の多年草植物で、開花の時期は7月中旬から8月中旬で、ライチョウのヒナがハイマツの中から姿を現す時期でもある。

図2-17　ライチョウ（御嶽山）

図2-18　コマクサ（乗鞍岳）

砂礫地の斜面は有機物が少なく乾燥もしやすい。風雨で非常に動きやすいため、根が地下深くまで伸びているコマクサのような植物しか生えられないのだ。またコマクサは、葉も非常に細かく分かれており、霧が溜まりやすいような構造になっており、乾燥に強い。

火山が爆発的噴火を行うと、広い砂礫地がつくられる。新しい爆発的噴火でできた砂礫地は不安定で、そこに生活できる植物は限られるので、コマクサの大群落がつくられるのだ。

なお、火山における不安定な砂礫地は、新しい爆発的噴火のみでつくられるわけではなく、別の原因でもつくられる。露出した古い溶岩の崖の下や、浸食で洗い出された軽石やスコリアがちらばる斜面なども不安定な砂礫地となっていることが多い。そのような場所でも、コマクサがたくさん生えていることがある。火山の地質調査中に険しい溶岩の崖の陰にひっそりと咲くコマクサは、目を楽しませてくれる光景だ。

火山を調べる　火山の地質図

火山の成り立ちや過去の噴火は、地質の調査により火山噴出物を調べることでわかる。地質調査では、崖や海岸、沢といった岩石や地層が露出している場所を詳しく観察し、それぞれの場所がどのような岩石・地層でつくられているか、それぞれの岩石・地層がどのような順番で重なっているかを調べる。日本のような湿潤で温暖な地域は、植生に覆われているところがほとんどで、岩石や地層が直接露出しているところは少ない。しかし、海岸沿いや沢沿いは、常に水の力で削られているので、植生がなく岩石や地層が連続的に露出しているところが多い。そのため、地質学者は調査のために沢を登る。地質調査は沢登りだという人もいるくらいだ。

火山の場合、火山活動で裸地がつくられるので、沢だけでなく、いろいろな場所で岩石や地層が地表に顔を出している。詳しく火山を知るためには、あらゆるところを歩き回らないといけない。

地質調査は、登山そのものであり、一つの火山をきちんと調べるには時間がかかるのだ。山を歩き回り、露出している岩石や地層をその場で詳しく観察するだけが、火山の地質調査ではない。岩石などを実験室に持ち帰り、その性状の分析、顕微鏡観察、化学組成や年代の測定などを行い、岩石や地層の成質や形成された時代を特定していく。こうやって明らかにした岩石や地層の分布や性質、それらの新旧関係をまとめたものが地質図だ。

地質図は、大地の成り立ちを地図上にまとめて表したものだ。地表の土をはがして、そのすぐ下の地形をつくっている岩石や地層を分類して地図にしている。そのため、実際は地質図に示された岩石や地層が、その部分の地表すべてをつくっているわけではなく、その場所の土の下にある岩

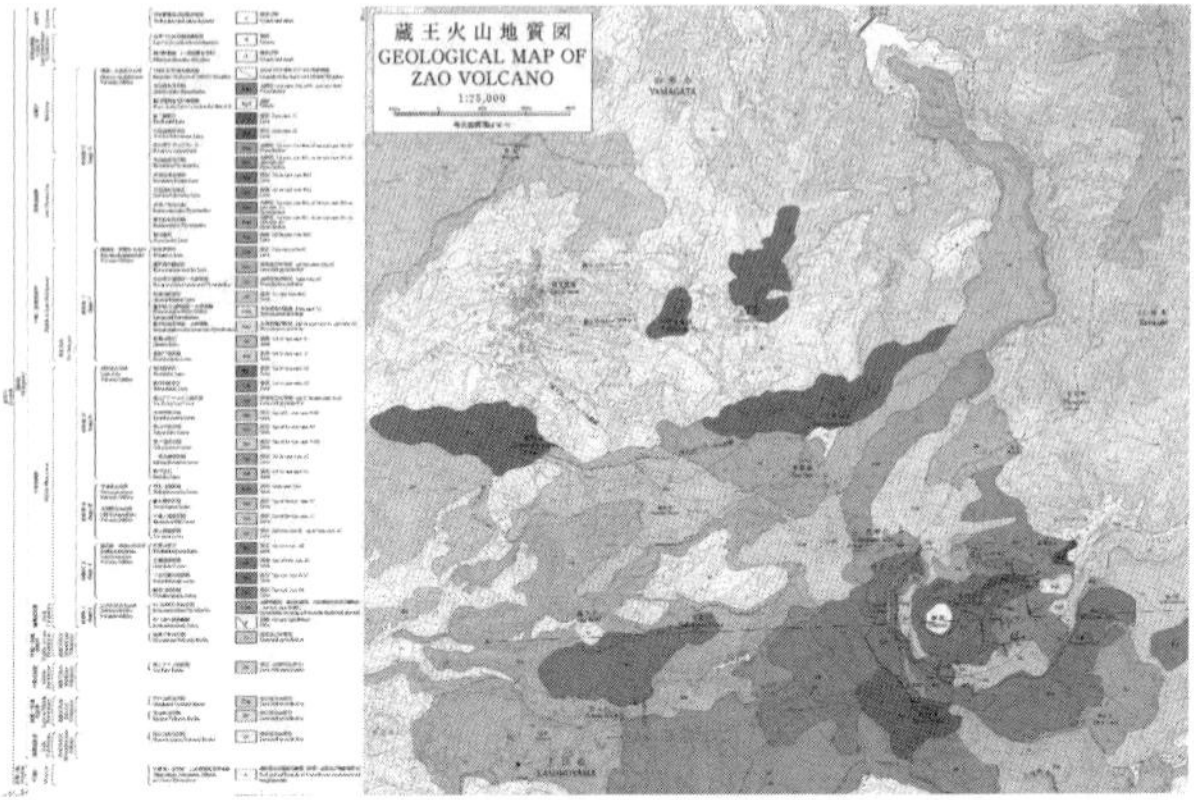

図 2-19　蔵王火山地質図（産業技術総合研究所地質調査総合センター発行）。**右側が地質図**（地図に示した部分）、**左側が凡例**（新しい噴出物を上にして並べている）

石・地層を示していることに注意してほしい。

火山の地質図を手に取ると、どの部分が、どの時代の噴火でできたか一目でわかる。地質図は、岩石・地層の種類ごとに色分けしている地図と凡例からできている（**図2－19**）。凡例は、基本的に、新しい時代のものが上に、古い時代のものが下になるような順番で並んでいる。凡例には、岩体・地層名とともに、その時代、どういった噴出物（火砕岩、溶岩など）や岩石（安山岩、玄武岩など）でできているかも書かれている。その区分が色分けやハッチなどで示されているため、火山のどの部分が、どの時代の岩石・地層でできているか一目でわかるのだ。

地質図からは、大地の成因ばかりか、有用な地下資源がどのあたりに埋まっているかも読み取ることができる。18世紀の末ごろからフランスやイギリスで世界に先駆けて地質図がつくられるようになった。ちょうど産業革命のころであり、当時の最先端であった地質図というものを活用して、人類は効率よく地下資源を手にいれることができるようになった。現在もその有効性は衰えておらず、そのため地質図のことを「世界を変えた地図」とよぶ人もいるくらいだ。

登山前に地質図を見ると、これから登る山が、どういった時代のどういった岩石や地層からできているのかがわかり、道端の石や風景がそれまでと違ったように見えるだろう。地質図によって登山の楽しみも広がるので、ぜひ見てみてほしい。

筆者（及川）が勤めている、産業技術総合研究所（産総研《さんそうけん》）の地質調査総合センターは、国の研究所として唯一の地質図をつくっている機関だ。産総研地質調査総合センターのホームページでは、地質調査総合センターが作成したさまざまな地質図を見ることができる。全国を統一凡例で示した「シームレス地質図」や20万分の1や5万分の1地質図、火山地質図などをまとめた「地質図Ｎａｖｉ」、「地質図カタログ」などのページで各種地質図が閲覧できるので、山に登る前にぜひ見てほしい。そのほか、印刷した地質図も販売しているので、紙の地図を好む人は、そちらも手に取ってほしい。

コラム　5月10日は地質の日

日本で最初の地質図は、北海道開拓使がアメリカから招いた地質学者であるライマンらによる200万分の1「日本蝦夷地質要略之図」で、1876（明治9）年につくられた。ライマンは、当時、東京にあった開拓使仮学校の学生を指導して、一緒に北海道の地質を調べ、この地質図をつくった。

この地質図がつくられたのが、5月10日であったことから、2008年に、この日を「地質の日」と制定した。それを記念したさまざまな行事が、毎年5月10日前後に各地の博物館などで行われている。それら各地の行事の詳細は、毎年、産総研地質調査総合センターのホームページの「5月10日は地質の日」にまとめられている。興味のある行事があれば、ぜひ参加してほしい。

第3章

火山に安全に登るには

火山の登山は危ない？

今まで書いてきたように、火山に登るということは大変魅力的だ。しかし突発的に噴火すると、火口の近くにいる登山者がまず巻き込まれる。多くの火口は山頂近くにあるので、天気のよい日などは火口付近に滞在している登山者は多いであろう。実際、突発的な噴火の際、登山者が巻き込まれることはある。では、火山に登るのは危ないことなのだろうか？

噴火中の火山に登るのは別とすれば、火山は休んでいるときのほうが長いため、実はそれほど危ないわけではない。

ここで簡単な思考実験をしてみよう。日本列島には111の活火山があり、そのうち1年間に平均5火山程度が噴火している（**図3-1**）。つまり、ある火山が1年の間に噴火する確率は単純に考えて5／111となる。それぞれの火山の噴火活動が開始する日は、1年のうちのある特定の日なので、その特定の日に噴火する確率は1／365となる。つまり、ある火山がある特定の日に噴

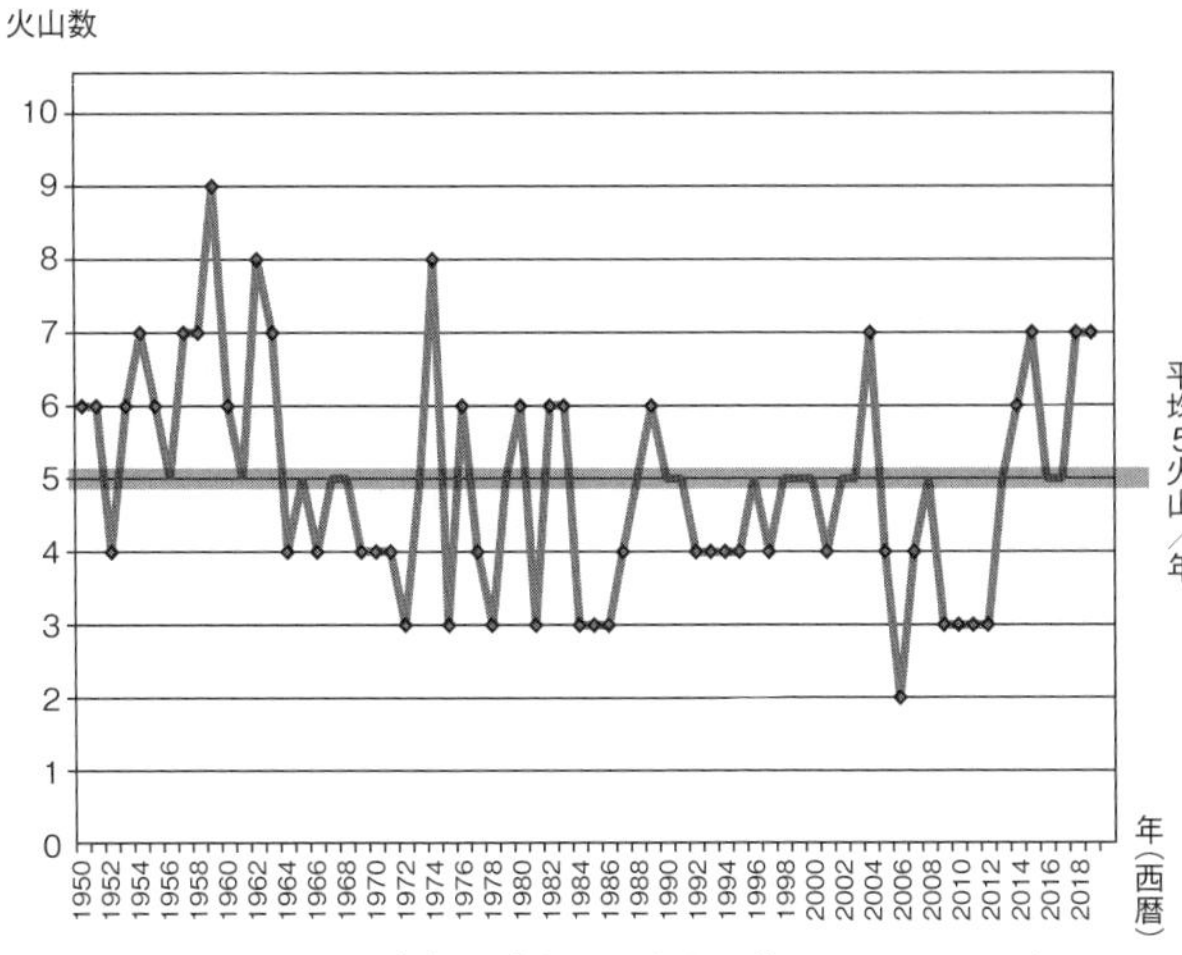

図3-1　1950-2019の各年に噴火した火山の数（海底噴火は除く）

火する確率は両者を掛け算して約１／８０００となる。したがって、登山者がある日本の火山に登るとすると、８０００回に１回は噴火に遭う可能性があるということになる。言い換えれば、仮に年間50日登山する人が毎回火山に登り続けたとしても、１６０年に１回程度しか噴火に遭遇しないということだ。

実は噴火に遭遇する確率より、山岳遭難に遭う確率のほうが高い。警察庁によると２０１７年の山岳遭難発生件数は２５８３件、人数は３１１１人で、そのうち、死者行方不明者数は３３０人である。『レジャー白書　２０１８』によると、２０１７年の登山人口は約６５０万人とされている。これらを基に１年間に遭難する確率を求めると、遭難は登山者約２０００人に対して１人の確率で発生し、死亡する確率は約1万9700人に1人となる。つまり、ある火山に登って噴火に遭う確率より、山岳遭難に遭う確率のほうがかなり高い。ちなみに、1年間に交通事故に遭う確率は、約300人に1人、死亡する人は約3万5000人に1人である。火山に登って噴火に遭う心配するより、山岳遭難や交通事故の心配をしたほうがよいといえる。

そもそも火山活動が活発化すると、現在は気象庁が事前に警報を出して噴火時には登山できなくなっていることのほうが多いであろう。また、実際には噴火はある特定の日のある時間に発生するので、噴火した日に登山していたとしても、噴火発生時に必ずしも火口近くに滞在しているとは限らず、先に計算した確率よりもっと噴火に遭う可能性は低くなるであろう。たとえば、100年に1回噴火する火山が、ある特定の日の特定の1時間に噴火する確率は1／87万6000で、約90万回に1回の割合となる。これは、アメリカ国内で飛行機に乗って死亡事故に遭う確率（0・0009％）と同程度である。

このように登山中に噴火に遭う確率は、一般的な山岳遭難や交通事故より低いので、いたずらに怖がるのはどうかと思う。とはいっても、突然火口近くで噴火に遭ったら死亡する可能性は高い。そのため、登山者自身がリスクを低くする努力はしたほうがよいし、リスクを下げることは可能である。

それでも備える　事前準備が大切

登山者が火山に登る際に、どんな行動をすればより安全性が高まるのだろう？　それは、登る山をよく知ること、事前に情報を集め準備することである。

火山に登る場合に限らず、そもそも山岳遭難対策では、登る山の情報を事前に集めて準備することが重要だ。全国山岳遭難対策協議会は、２０１６年に「登山者は山岳遭難事故防止のために次のことに取り組むこと」として次のような提言を行っている。

１　登山の第一歩は、目的とする山をよく理解することからはじまります。地図を基本にガイドブックや現地等から事前に山岳情報を調べること。

２　登山計画書を作成して、パーティー全員がその山を良く理解するとともに、体力と経験に応じた無理のない計画であるかよく検討すること。

３　登山計画書を家族や職場に知らせるとともに、登山届の提出が義務化されている山域もあるので、各都道府県の提出先や登山口の登山届ポスト等に提出すること。

4　単独登山はやめて仲間と登り、ツェルトや救急用品、非常食を必ず携行して、ゆとりある行動を心がけて、安全に登山を行うこと。

5　山の事故は自己責任であることをよく考えて、山岳保険には必ず加入すること。

6　危急時に確実に連絡を取れる手段を確保するために、無線機、携帯電話等の通信機器を持参して登山を行うこと。

7　登山に出発する前に目的とする山域の最新の気象情報・火山情報を入手して、現地の状況を把握すること。

ここにあげられた7項目は、いずれも登る山のことをよく調べて知り（事前調査）、自身がその山に見合った体力や経験などをもっているかも含めて検討してコースを計画し（計画）、必要な装備をそろえて登ることを強調している（装備の用意）。登る山が活火山であるなら、これら事前準備（事前調査、計画、装備の用意）には火山活動の情報を集めることが、当然含まれる。

なお、この提言は、遭難を減らすための登山前の準備について主に述べている。もちろん、いくらきちんと準備をしていても、実際の登山中に、天候などの山の状況の変化や道迷いや滑落などに臨機応変に対処しないと、危険を避けることができない。しかし、どのような危険があるのかを予め知り、それを避けるための準備をして、とっさのときに行動できるようにしたほうが、より安全になるのは当然だ。そのためリスクを下げるために事前準備を行っておくことは、極めて重要なことだ。特に、火山に関して事前にどのような危険があるかを知っておくことが、安全な登山を行うための近道である。

火山に登る際の事前調査

それでは、火山に登る前の事前調査は、どのように行うべきであろうか？（図3－2）

第一に、登る山が活火山かどうか、知ることが必要だ。当たり前のように聞こえるかもしれないが、意外にも登る山が活火山であるかどうかを知っている登山者は少ないようだ。

63名もの死者行方不明者を出した御嶽《おんたけ》山の２０１４年の噴火の後、信濃毎日新聞社が犠牲者・行方不明者の家族52名、当日の登山者・山小屋スタッフ50名、計１０２名に対してアンケートを行った。その結果、回答者全体で、御嶽山が活火山だと「知っていた」のは61％。知っていた人のうち、登山で噴火に注意すべきだと「思っていた」のは18％であった（信濃毎日新聞２０１５年4月29日記事）。回答者には犠牲者の家族の方も含まれているとはいえ、このアンケート結果は、自身が登る

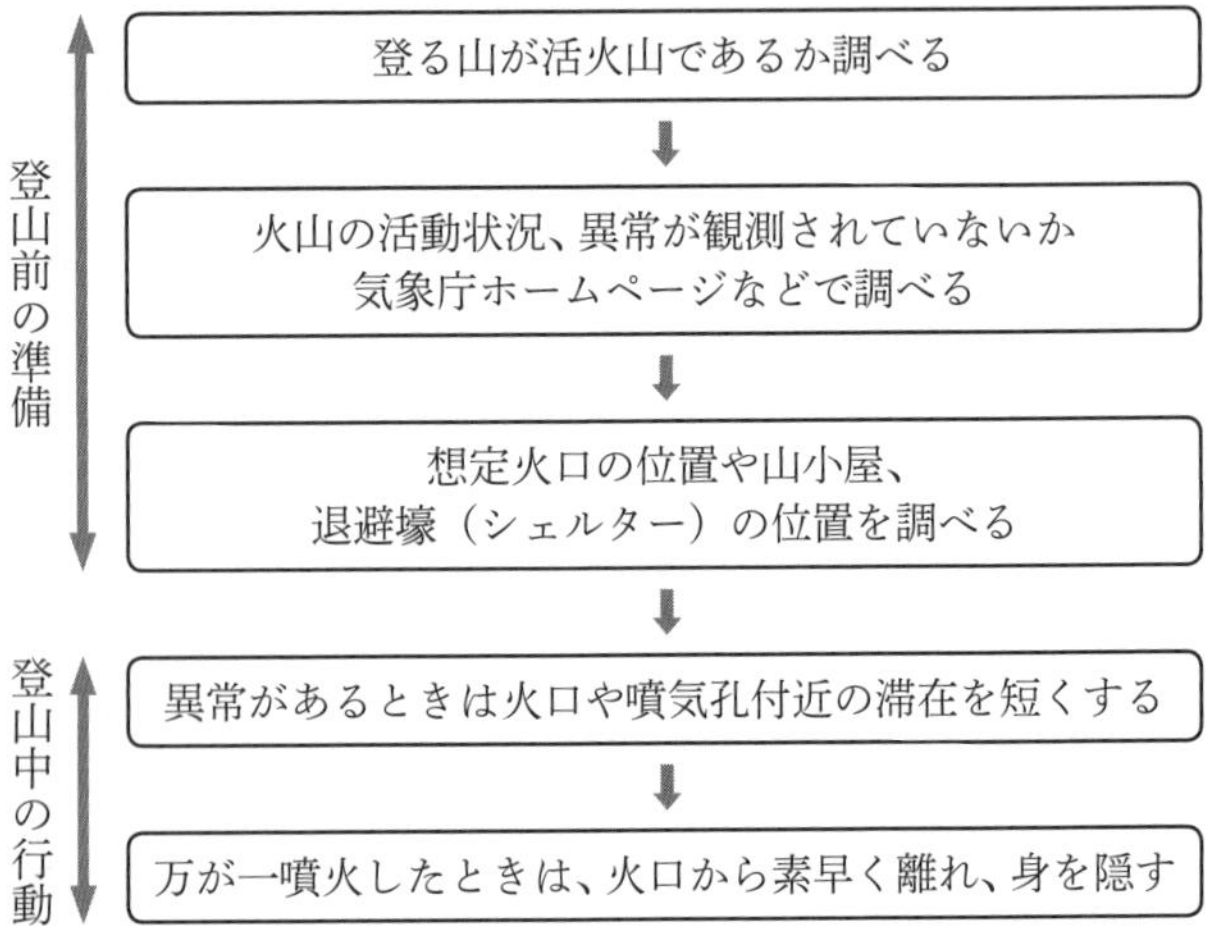

登山前の準備
登る山が活火山であるか調べる
火山の活動状況、異常が観測されていないか
気象庁ホームページなどで調べる
想定火口の位置や山小屋、
退避壕（シェルター）の位置を調べる
登山中の行動
異常があるときは火口や噴気孔付近の滞在を短くする
万が一噴火したときは、火口から素早く離れ、身を隠す

図3-2　安全な火山登山とするために

山が活火山であるかないかを、かなりの割合の登山者が知らず、知っていても噴火のリスクを意識していないことを表している。火山国日本で登山するのなら、登る山が活火山であるかどうかは事前に必ず調べ、山によって程度の差はあるが、噴火するリスクが存在することを理解してほしい。

　登る山が活火山であるかどうかは、気象庁のホームページのほか、産業技術総合研究所（産《さん》総《そう》研《けん》）地質調査総合センターのホームページにある「日本の火山」データベースなどで調べられる。「日本の火山」データベースでは、活火山も含む日本中の火山の簡単な解説や、いつどのような噴火があったかのまとめ、各火山の地質図なども見ることができるので、ぜひ活用してほしい。

第二に、登る対象が活火山であるとしたら、その火山の活動状況を調べる。まず、気象庁のホームページなどで、火山に関する注意情報が出ていないかチェックするべきだ。国内の１１１の活火山のうち、防災上、特に注意すべき50の火山（図１－３）については、気象庁が24時間監視をしている。それ以外の火山についても、異常が認められれば気象庁が警報などの情報を発信する。そのため何らかの情報が出ている場合は、気象庁ホームページ「火山登山者向けの情報提供ページ」にすぐ掲載されるので、ぜひチェックしてほしい。

また、登る活火山に噴火警戒レベルが設定されていれば、今どのレベルであるかも調べる。噴火警戒レベルによっては、登ろうとしているコースに立ち入れない場合もあるためだ。また、登山中に火山活動が活発化した場合、どの登山道について立ち入り規制が行われるかも知っておいたほうがよい。

噴火警戒レベルは、火山活動の状況に応じて「警戒が必要な範囲」と「とるべき防災対応」を５段階に区分して発表する指標だ。観測機器などで異常が認められない場合は、レベル１である。火口周辺のみに影響が及ぶ現象が発生ないし予想される場合はレベル２、火口から居住地域近くまで影響が及ぶ現象が発生ないし予想される場合はレベル３となる。さらに、居住地域に重大な被害を及ぼす噴火が発生すると予想される場合はレベル4、居住地域に重大な被害を及ぼす噴火が発生あるいは切迫している場合はレベル5となり、火山周辺の住民が避難する必要がある。

この噴火警戒レベルは火山ごとに設定されており、人が常に住んでいる居住地域に影響が及ぶ現象が発生するかどうかで、それぞれのレベルが決められている。人が火口近くに住んでいれば、噴火規模が小さくても警戒レベルはすぐ高くなり、小さな噴火でもレベル4、5が発令される。そのため、噴火の規模と噴火警戒レベルは比例しない。同じ規模の噴火が発生したとしても、火山によって異なる警戒レベルが発令されることは、理解しておく必要がある。

2019年12月現在、常時監視火山のうち十和田火山と硫黄島を除く48火山について、噴火警戒レベルが設定され運用されている。各火山の噴火警戒レベルについての解説は、気象庁ホームページ内の「知識・解説」の「火山」の中の「各火山のリーフレット」にまとめられている。このリーフレットには、噴火が想定される火口の位置や、レベルが上がった場合に立ち入りが制限される範囲も記されているので、登山の前に目を通してほしい。

なお、レベルを上げるほどではないが何らかの異常が認められた場合は、「火山の状況に関する解説情報」が気象庁から発表される。このような場合は、レベルが上がったときのように立ち入りの規制がかからないこともあるので、予知の限界をふまえながら登山者自身がどう行動するかを判断する必要がある。

この「火山の状況に関する解説情報」は、「臨時」付きとそうでないものの二種類ある。現状では、異常が噴火警戒レベルの引き上げ基準に達していないが、噴火警戒レベルを引き上げる可能性があると判断した場合、または判断に迷う場合に発表されるのが、「火山の状況に関する解説情報（臨時）」である。その一方、噴火警戒レベルを引き上げる可能性は低いが、火山活動に変化が見られるなど、火山活動の状況を伝える必要があると判断した場合に発表されるのが、「火山の状況に関する解説情報」である。噴火に至るような異常である可能性が高いのは、「臨時」付きの「火山の状況に関する解説情報」なので、これは覚えておいたほうがよい。

第三に、登山しようとしているコースが、噴火活動記録のある火口や噴火が想定されている火口の近くを通るのかどうか調べる。突発的な噴火の際は、火口近くにいる人が犠牲になるためだ。

登山の際は、危険個所の通過はなるべく短時間でというのは鉄則だ。登山道は、街の管理された道と違い、落石や崩壊、滑落などの危険が潜んでいる。そのようなことが起こりそうな場所では休んだりせずに、なるべく早く通過しなくてはならない。そのため、かつての登山入門書には必ず「落石や滑落などの起こりやすそうな危険な場所は、休んだりせずに素早く通過しましょう」と書いてあったのだが、最近の入門書はそれが書かれていないものが多く、心配だ。

とりわけ、活火山の火口近くは、危ない場所だ。特に異常が表れているとき、たとえ近づけるとしても、火口近くの危険度は高くなっている。そのため、そのような場所での滞在時間を短くすることが安全につながる。実際、御嶽山の２０１４年の噴火では、火口から７００ｍ以内の近い場所のみで被災したと考えられる方々が死亡している。突発的な噴火で死傷者が出るのは、いつも火口近くだ。火山活動に異常や活発化の兆候が認められるとき、火口付近で長く休憩したり弁当を食べたりすることは、慎んだほうがよい。

噴火が想定される火口は、噴火警戒レベルのリーフレットに載っているほか、各火山の火山防災協議会が作成した火山防災マップに掲載されている。各火山防災協議会の情報は、県や市町村のホームページなどに掲載されているので、調べてほしい。

また、火口に限らず噴気孔など火山ガスの出ている地域も危険である。詳しくは後に述べるが、火山ガスの事故、しかも死亡事故は少なからず起きている。火山に登る場合、コース上にそのような場所がないか、市販の登山地図や地元自治体の登山道情報などをチェックする必要がある。

最後に、万が一に備えて、噴石のための退避壕（シェルター）や山小屋など、噴火が発生したら逃げ込める場所は調べておいたほうがよい。山小屋や噴石のための退避壕（シェルター）の位置は、詳しい登山地図や地元自治体のホームページなどに掲載されているので、予定したコース上のどこにあるのかをチェックしたほうがよい。

なお、不思議なことに、それぞれの火山には個性があり、似たような噴火を繰り返すことが多い。そのため、登る火山が過去にどのような噴火をしていたかを調べ、頭に入れておくと、噴火した際にどのようなことが起こりうるのか想像がつき、いざというときに役立つ。また、登る火山の成り立ちや、どのようなところがどのような噴火でできたのかを知っていると、登山の楽しみも広がるだろう。少々専門的だが、産総研ホームページ中にある「日本の火山」データベースには、火山の活動の歴史や地質図などがまとまっている。登山の前に目を通しておくのもよいだろう。

火山の警報

すでに述べたように、事前準備で気象庁が出す情報をチェックすることは大切だ。しかし、気象庁が今のように火山を24時間監視して、警報を出すようになったのは、意外にも最近のことだ。

気象庁の火山監視観測が、最初に全国的に整備された1953年ごろは、24時間監視されていた火山は、樽前山《たるまえ》、有珠山、北海道駒ヶ岳、那須岳、浅間山、伊豆大島、伊豆鳥島、阿蘇山、雲仙岳、桜島のたった10火山のみであった。当時の活火山の数、74にくらべてもかなり少ない。その後しばらく24時間監視の火山は増えず、1966年までに雌阿寒岳《めあかん》、十勝岳、吾妻山《あづま》、安達太良山《あだたら》、磐梯山《ばんだい》、三宅島、霧島山が増え、かわりに無人島となった伊豆鳥島の監視がなくなり、16火山となった。その後、1978年に草津白根山、1988年に御嶽山、1990年に伊豆東部火山群、1997年に九重山が加わり、20火山が24時間監視される火山となったが、これもまた、1997年当時、活火山として認識されていた86火山にくらべて、十分な数が監視されていたとはいえない状況であった。

監視体制が飛躍的に強化されたのは、さらに10年以上後である。2007年12月1日に気象庁業務法の改正を受けて、気象庁は全国の活火山を対象とした警報を発表するようになった。それに関連して、火山噴火予知連絡会が2009年に監視・観測体制を充実する必要のある47火山を選んだことに応じて、それら火山に最低1地点の火山観測点を整備した。そして、2011年3月から47火山に対して24時間監視（常時観測）を行い、それらの火山に対して常時警報を出せるような体制を整えた。現在は、常時観測火山は50火山まで増え、やっと111の活火山の半数ほどの火山について、24時間監視が行えるようになったのである。

日本は、多数の活火山をかかえ、それによる災害も多い火山大国である。しかし、21世紀になってから、なんとか主要な活火山の24時間監視が行えるようになったのが現状で、他の国とくらべても火山防災の先進地域とは言い難い。また、火山防災の司令機関がないことから、他の国では当たり前に行われている、火山の研究と監視を一体化して防災に役立ていくことができていないことも問題だ。日本の火山防災体制には、まだまだ多くの課題がある。

噴火に遭遇したら　山小屋に逃げ込むのは有効

万が一、噴火に遭遇したら、噴石や火砕流《かさいりゅう》、降灰などが登山者を襲う。最も一般的で怖い現象は、噴石だ。この噴石は防災用語で、噴火によって火口から吹き飛ばされる防災上警戒・注意すべき大きさの岩石を気象庁は噴石とよんでいる。噴火発生時、火口付近には火口から飛来してくる噴石が多数落ちてくる。こぶし大の噴石でも、当たると大けが、場合によっては死ぬこともあるので、それを避けることは重要だ。

避けるためには素早く身を隠す必要があるのだが、周囲に山小屋や退避壕（シェルター）があれば、そこに逃げ込むとよい（**図３－３**）。噴石を防ぐために設置されたシェルターは、鋼鉄製やコンクリート製の見るからにしっかりしたものが多い。それにくらべて木造の山小屋は頼りないように思うが、噴石にも一定の耐力があり、そこに逃げ込むのは有効だ。ただし、高温のマグマが噴出

図3-3　御嶽山剣ヶ峰付近に設置された噴石のための退避壕（シェルター）

する噴火が発生したときは、木造の建造物は燃えるので、ほかの場所に避難したほうがよい。

63名の死者行方不明者を出した2014年の御嶽山の噴火では、好天の秋山シーズンの休日の正午近くに発生したため、山頂付近にたくさんの人がいた。そのため最高峰の剣ヶ峰付近では33名もの犠牲者が出てしまったが、調べたところ噴火開始後に80名ほどの登山者が山小屋やトイレなどの木造の建物に逃げ込んで助かった。しかも、山小屋などに逃げ込んだ後、噴石に当たって亡くなった人はいなかった。これは、木造の建物でも噴石を防ぐことができ、そこに逃げ込むことでより安全になることとの証拠である。

この御嶽山の噴火以降、山小屋の噴石を防ぐ能力が見直され、山小屋を補強することでさらに噴石を防ぐ力を高める方法が研究された。その結果、防弾チョッキに使われているアラミド繊維を屋根に挟み込んで補強すると、噴石を防ぐ力が高くなることがわかった。そのため内閣府は、山小屋など資材の運搬が難しい建物に対する施工方法を記した手引き書「活火山における退避壕等の充実に向けた手引き」を平成27年12月に作成し、ホームページで公開している。それ以降、火口付近にある各地の山小屋などは、それを参考にしてアラミド繊維などで屋根の補強などを行っている。

特別な装備はいらない　でもヘルメットはあったらよい

活火山に登る際、特別な装備は必要だろうか？　噴火中の火山に登るならいざ知らず、筆者（及川）はいらないと考える。でも登山という行為全体に対して、安全を高めるという意味で、ヘルメットは持っていったほうがよい。

これまで書いているように、突発的な噴火に遭う確率は大変低い。ふつうの火山登山の際に、噴火に備えた特別な装備を持っていくのは過剰な反応ではなかろうか。登山という行為には、さまざまなリスクが存在する。しかし、必要最低限の荷物・道具を工夫して使い、さまざまな場面を乗り切るのが登山というスポーツの一面でもある。シンプルで荷物が軽いほうが素早く行動でき、結果安全になるというのも登山の特性だ。めったに遭遇しない噴火に備えて、特別な装備を持っていくことは、登山という行為にはそぐわない。

我々研究者は、研究のために活動中の火山を調査する。その際、ふつうの登山の装備に加えて、ガスマスク、ガス検知器・警報機、ゴーグルなどを持っていく。普段の調査にも持っていくが、ヘルメットや、現在地やサンプル採集位置などを正確に知るためのハンディＧＰＳ／ＧＮＳＳ機や地図、コンパスも必須の持ち物だ。ヘルメットは、噴火で飛来してくる噴石を防ぐというより、不整地での転倒や滑落などの際、頭部を保護するために被る。多少は噴石を防ぐ意味もあるが、あるサイズ以上の噴石（落石もそうだが）はヘルメットでは防げない。ただ被っていないよりは、ましであろうから必ず被る。ガス検知器とガスマスクは、ガス中毒事故を防ぐために欠かせない装備だ。活動的な火山の火口近くでは、高濃度の火山ガスが出ていることがあるためだ。特に硫化水素のガス検知器を持っていくことが多い。活動中の火山からよく放出される二酸化硫黄（亜硫酸）ガスは、致死量に達する前の低濃度から、吸い込むと激しく咽《むせ》たりし、苦しくなり近づけなくなる。しかし、高濃度の硫化水素については、濃度が高くなると匂いもしなくなり、気づかずに中毒になりやすい。そのため、温泉地ではこの硫化水素ガス中毒による事故がたまに発生している。ゴーグルは、火山灰が目に入ると大変痛く、目をあけていられなくなるため、そのような状況が想定される場合は持っていく。

一般の活火山に登る登山者は、わざわざ噴火している火山に登る火山学者と異なり、これら特別な装備を用意する必要はない。しかし万が一噴火に巻き込まれたらどうすればいいのだろうか？火山灰が目に入って痛くなりそうになったら、サングラスや眼鏡をかければある程度の効果は期待できる。いざというときには、それらを代用すればいいだろう。ガスマスクは、濡れタオルで代用できる。火山ガスに含まれる有毒な二酸化硫黄ガスや硫化水素は水に溶ける。濡れタオルを通すとそれらの濃度は下がるため、ガスマスクの代用となるのだ。ただし、運動しながら濡れタオル越しに息をするのは、大変苦しく現実的な対応とはいえない。そのため、多くの場合は、風上か火口から離れる方向に素早く逃げたほうがよいであろう。

実は、通常の登山装備である地図やヘッドランプ・懐中電灯は、噴火の際にも大変役に立つ。火山灰が多量に降ってくると、昼間でも暗くなり周囲がよく見えなくなる。そういったときにヘッドランプが必要だ。もちろん日帰り登山でも思わぬトラブルで日没まで下山できないことはあるであろう。そのため、ヘッドランプは持っていったほうがよい。

地図を持つことは登山の基本だ。しかし筆者（及川）の経験から、等高線入りのまともな地図を持ち歩いている登山者は、それほど多くないと感じている。噴火が発生した場合、予定していた登

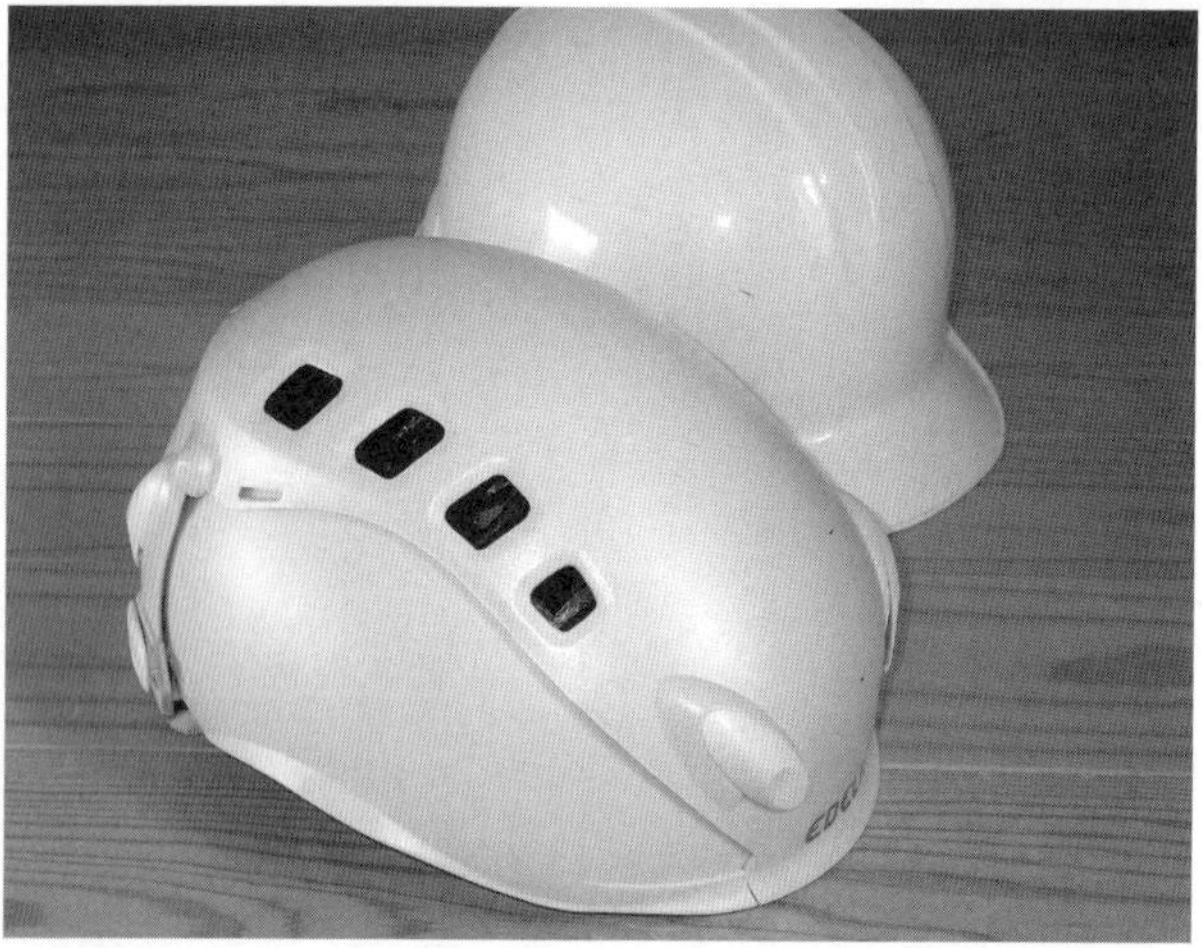

図 3-4　ヘルメット。工事用のものでもよいが、登山用のほうが快適。最近は折りたためるものもある

山道が通行止めになったり、そこを通るほうが危険で迂回する必要があったりするかもしれない。そのようなときのため、予定したコースのみならず、その周辺も含めて地形のちゃんとわかる地図が必要だ。道迷いなどの遭難対策にもなるので、ちゃんとした地図と、当然コンパスも持っていくべきだ。

最後にヘルメット（図3－4）だが、登山全体の安全性を高めるので、持っていったほうがよい。特に火山は、そうでない山とくらべて、足場の悪いところがあったり、落石が発生するような急崖や浮石が多い場所があったりして、転倒や落石のリスクが高いからだ。ヘルメットは必ずしも被り続ける必要はなく、危険な場所に立ち入るときや危険を感じたら被ればよい。

万が一噴火に遭遇してしまったら

このような準備を重ねても、当たり前ではあるが、突発的な噴火によるリスクをゼロにすることはできない。噴火警戒レベルが運用されている火山でも、レベル１の状態から突然噴火することがある。特に小規模な噴火は前兆をつかむことがまだ難しく、事前にレベルを適切に上げるだけの知識・技術を我々は持ち合わせていない。

では、万が一噴火に巻き込まれたら、どのような行動をとれば、より安全になるのであろうか？突発的な噴火に遭遇したら、第一に、噴火の発生に気づき、火口から離れるよう急いで逃げることである。なるべく早く噴火の発生を認識して、ただちに逃げる行動をとることが重要なのだ。２０１４年の御嶽山の噴火で助かった人の多くは、噴火発生直後に噴火に気づき、素早く行動することが可能であった人たちだ。

噴石などが降ってくるような火口付近（１㎞以内が目安）にいたなら、まずは山小屋や退避壕（シェルター）などの建物に、すぐ逃げ込むとよい。そういった建物が見つからない場合は、手近な岩陰などに身を隠す。その際、バックパックなどを盾のように使い、頭部などの急所を守るとよい。

噴火の発生は、火口から上がる噴煙などで確認できるが、携帯電話・スマートフォンのエリアメールなどで、情報が入ることもある。山は必ずしも携帯電話が通じる場所ではないが、火山に登るときは、携帯電話などの電源を切らないほうがよい。

なお、噴火発生の際、大きな音がすることもあるが、しないこともある。大きな音がしたとしても、音速は秒速340m程度と意外に遅い。1㎞ほど離れたところでは、目で噴煙が上がるのを確認した後、数秒たってから音が聞こえることになる。そのため、目視で噴火を確認することが最も確実で速いのだが、天候が悪い場合は、それが難しい。視界が悪いときに、どこで噴火しているのかを確認することが難しいことは、知っておくべきだ。悪天の場合、噴火開始に気づかず、いきなり火山灰まじりの泥雨や噴石が降ってくることもある。

火口から離れた噴火の影響がすぐに及ばないようなところにいれば、火口から離れる方向へできるだけ早く逃げる。その際、風下側や谷筋はなるべく避けて逃げたほうがよい。噴煙は風下に流され、その下では、火山灰などが多量に降ってくる。火山灰などが多量に降ってくると、日射しがさえぎられ暗くなり、視界がきかなくなるばかりか、足元も滑りやすくなる。

さらに、厚く火山灰などが降り積もった場合は、道そのものもわかりにくくなる。そのため、たとえ遠回りになっても、風下の方向には逃げないほうがよい。また、谷筋は火砕流などが流れくだることが多い。登山道が谷筋などにしかないなどのやむを得ない状況を除き、谷筋に避難することは避けたほうがよい。

退避壕（シェルター）は万能？

退避壕（シェルター）に逃げ込むと、ある一定の大きさまでの噴石は防げるので、より安全になることは間違いない。しかし、シェルターが設置してあれば安全と考えるのは大間違いだ。シェルターは、さまざまな火山災害の一部しか防げない。鉄筋コンクリート製の頑丈そうなシェルターでも、直径50～60㎝もの噴石が飛んできたら、ふつうは耐えられない。火口の近くでは、そのような大きな噴石が飛んでくることは珍しいことではない。また火砕流を防げるシェルターはつくられていない。突発的な噴火でも火砕流が発生することは、よくある。そのようなときにはシェルターは無力だ。もちろん、生身で外にいるよりましだが、そこに逃げ込めば必ず助かる施設ではない。シェルターによる防災効果は限定的だ。

安全を担保したいなら、危険を感じたら近づかない、やむを得ない場合は素早く通過するなど滞在時間を減らすということのほうが、よほど効果がある。シェルターが整備されているからと安心して、事前準備を怠らないように、くれぐれもお願いしたい。

シェルターなどを設置・整備する側の人たちにも、お願いがある。シェルターは高価なうえ設置するのにもかなりの費用がかかる。耐用年数も多くの火山の噴火の間隔とくらべて短い。設置することによって貴重な自然環境も破壊されるうえ、景観を悪くするなどの多くの問題もある。そのため、防災効果が限定的であることもあわせて考えると、いたずらに数多く設置するのでなく、人が滞留するような防災上重要な場所のみに限って、避難小屋やトイレなどの火山防災以外の別の機能ももたせて、必要最低限の数だけ設置したほうがよいだろう。先に紹介した内閣府の手引きもそのような観点でまとめられている。

そもそも、シェルターをたくさんつくらないと安全とはいえない場所へ、多くの人を立ち入らせるのは問題がある。そのような場所に多くの人を入らせるべきでない。しかし、それほど危険ではないが、万が一のためにと、シェルターをたくさん設置するのも問題がある。シェルターには、欠点もかなりあり、費用対効果も悪い。それより、火山の観測情報などの発信や危険個所の周知の徹底、万が一のときの避難体制の整備、登山者に対する噴火や火山の理解向上のための教育や安全講習などを行ったほうが、防災効果は高いであろう。

そもそもシェルターは逃げ込まないと役に立たない。逃げ込むためには、火山であるという認識や、噴火とはどのような現象であるかという知識、とっさの噴火の際の身のこなし方、シェルターの場所などを知っていないといけない。そういった教育とあわせて設置しないと、安全になったとはいえないだろう。逃げ込むためには、噴火の発生を素早く知ることも必要なので、情報を素早く登山者に届ける仕組みを、あわせてつくることも重要だ。ただ、シェルターをつくったから「安全になった」とは言わないでほしい。

怖い火山ガス

登山者が気を付けるべき火山の現象は、噴火だけではない。火山では、噴火していなくても高濃度の火山ガスが噴出していることがままある。高濃度の火山ガスの噴出は、はっきりとした噴気孔のほか、温泉の湧出地や低温のはっきりとしない噴気が出ている窪地などからも噴出している。そのような場所に不用意に立ち入ると、火山ガス中毒で死亡することがあり、事故は少なからずある（**表3-1**）。

火山ガスの多くは水蒸気だが、その中に含まれている二酸化硫黄ガス（亜硫酸酸ガス、SO_2）、硫化水素ガス（H_2S）、二酸化炭素ガス（炭酸ガス、CO_2）などによる中毒事故が日本の火山で起きて

表3-1　1950年以降に日本で発生した火山ガス中毒による主な死亡事故

年月日	場 所	事故内容	原因ガス
1951/11/5	箱根、湯ノ花沢	露天風呂で2名死亡	H_2S
1952/3/27	同上	浴室で1名死亡	H_2S
1954/7/21	立山、地獄谷	露天風呂で1名死亡	H_2S
1958/7/26	大雪山、御鉢平	2名死亡	H_2S
1961/4/23	立山、地獄谷	1名死亡	H_2S
1961/6/18	大雪山、御鉢平	2名死亡	H_2S
1967/11/4	立山、地獄谷	キャンプ中2名死亡	H_2S
1969/8/26	鳴子	浴室で1名死亡	H_2S
1970/4/30	立山、地獄谷	温泉作業員1名死亡	H_2S
1971/12/27	草津白根山、振り子沢	スキーヤー6名死亡	H_2S
1972/10/2	箱根、大涌谷	3名中毒、内2名死亡	H_2S
1972/10/28	那須岳、湯本	浴室で1名死亡	H_2S
1972/11/25	立山、地獄谷	温泉作業員1名死亡	H_2S
1975/8/12	立山、地獄谷	1名死亡	H_2S
1976/8/4	草津白根山、本白根	登山中3名死亡	H_2S
1980/12/20	安達太良山、鉄山	雪洞で1名死亡	H_2S
1985/7/22	立山、地獄谷	湯溜まりで1名死亡	H_2S
1986/5/8	秋田焼山、叫び沢	谷で1名死亡	H_2S
1989/2/12	阿蘇山、中岳	火口縁で観光客1名死亡	SO_2
1989/8/26	霧島、新湯	浴室で2名死亡	H_2S
1989/9/1	那須岳	作業員3名死亡	H_2S
1990/3/26	阿蘇山、中岳	火口縁で観光客1名死亡	SO_2
1990/4/18	阿蘇山、中岳	同上	SO_2
1990/10/19	同上	同上	SO_2
1994/5/29	同上	同上	SO_2
1997/7/12	八甲田山、田代平	ガス穴で3名死亡	CO_2
1997/9/15	安達太良山、沼ノ平	登山中4名死亡	H_2S
1997/11/23	阿蘇山、中岳	火口縁で観光客2名死亡	SO_2
2005/12/29	秋田県湯沢市泥湯温泉	家族4名死亡	H_2S
2010/6/20	八甲田山、 酸ヶ湯温泉附近	山菜採り1名死亡	H_2S
2015/3/18	秋田県仙北市乳頭温泉	温泉作業員3名死亡	H_2S

表3-2　主な火山ガスの特性

火山ガス名	特徴
硫化水素（H_2S）	いわゆる「卵が腐った臭い」、「硫黄の臭い」とよばれるものの基がこのガス。温泉や噴気地帯に多く発生する。濃度が高くなると臭いを感じなくなるため、このガスによる死亡事故が多い。500ppmで生命の危険があるとされる。
二酸化硫黄（亜硫酸ガス、SO_2）	低濃度でも鼻、のど、眼などにツンとした刺激を感じ、咽たり涙が出たりする。30〜40ppmでも呼吸困難となる。喘息患者は数ppmでも発作を起こすことがあるので大変危険。過去に死亡事故も起きている。
二酸化炭素（CO_2）	火山ガスの中で水蒸気の次に多い成分。3％を超えるとめまいや呼吸困難を感じる。無味無臭なのと、低温の噴気から高濃度に出ることがあるので、危険。

いる（**表3－1**）。二酸化硫黄ガスは、健常者にとっては大事に至らない濃度であっても、幼児などは影響を受けやすく、喘息患者は発作を引き起こすことがあるので、特に注意が必要だ（**表3－2**）。二酸化硫黄ガスは高温の噴気に高濃度で含まれる傾向があるので、そのような噴気孔には、影響を受けやすい人はなるべく近づかないほうがよい。

そのほか、硫化水素ガスや二酸化炭素ガスでも中毒事故が起きている。特に硫化水素ガスの事故は多い。硫化水素ガスは、高濃度になると鼻が利かなくなり、臭いがしなくなるの

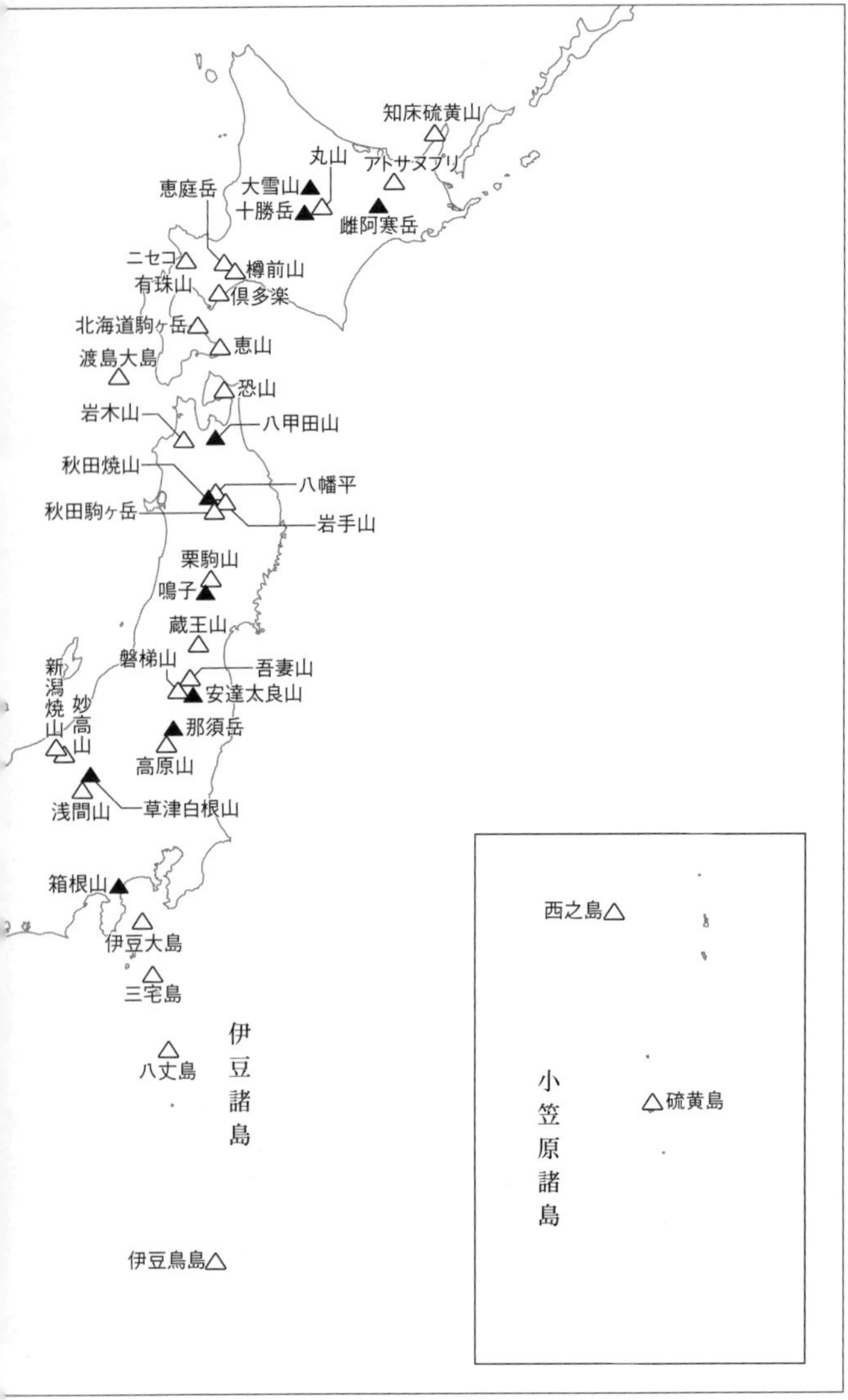

知床硫黄山
丸山
アトサヌプリ
恵庭岳
大雪山
十勝岳
雌阿寒岳
ニセコ
樽前山
有珠山
倶多楽
北海道駒ヶ岳
恵山
渡島大島
恐山
岩木山
八甲田山
秋田焼山
八幡平
秋田駒ヶ岳
岩手山
栗駒山
鳴子
蔵王山
磐梯山
吾妻山
新潟焼山
妙高山
安達太良山
那須岳
高原山
浅間山
草津白根山
箱根山
伊豆大島
三宅島
八丈島
伊豆諸島
伊豆鳥島
西之島
小笠原諸島
硫黄島

図3-5　噴気地帯のある主な火山

▲火山ガスによる死亡事故があった火山
△上記以外の火山ガスを噴出している火山

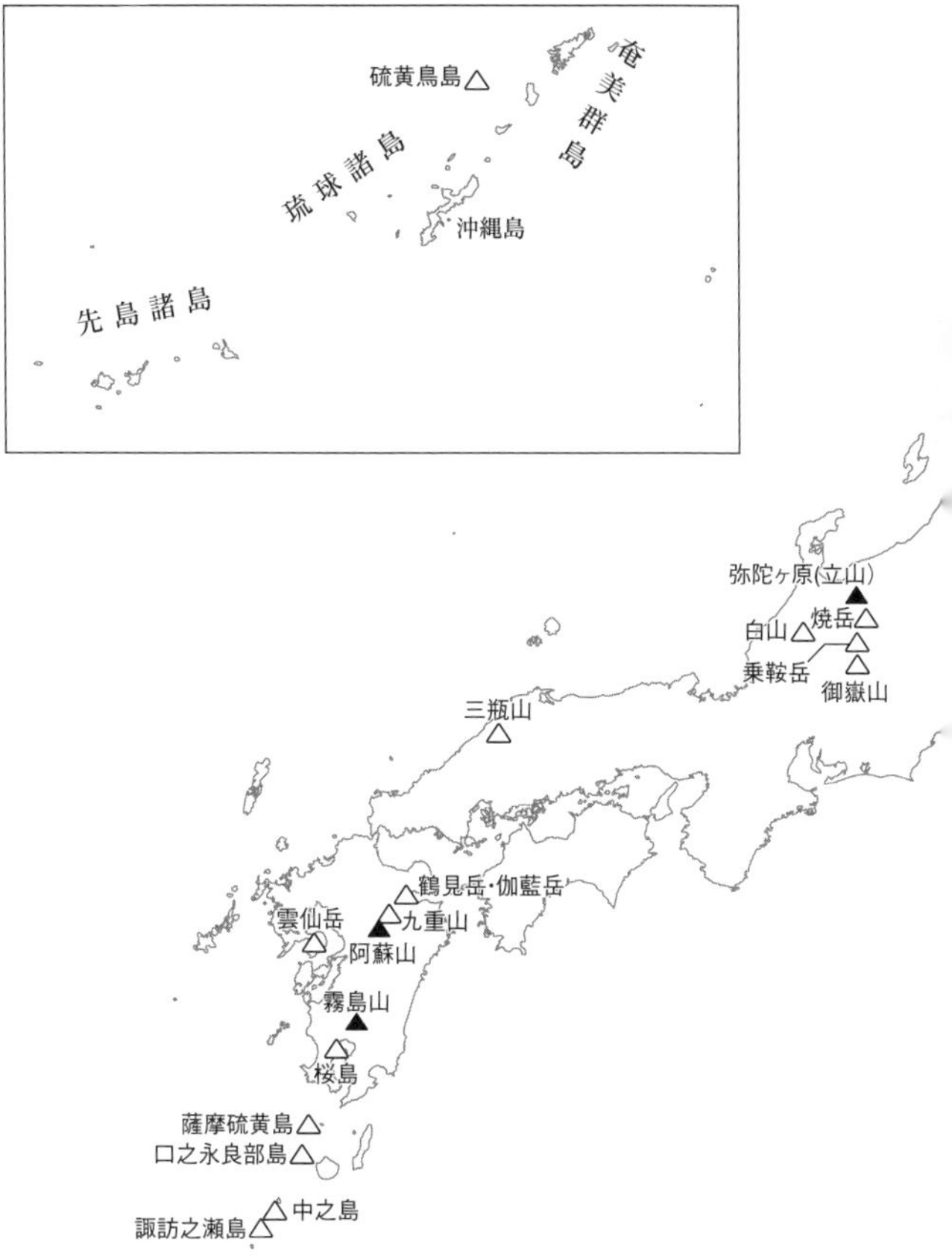

図3-6　噴気孔

で、注意が必要だ。

火山ガスの事故を防ぐには、高濃度の火山ガスが出ている噴気孔（図3－6）に近づかないことが大事だ。大気は常にかき乱されているため、ひとたび大気と混ざり薄められた火山ガスが、再び濃集して事故を起こすことはない。噴火の際も、火口から高く上昇する噴煙から高濃度の火山ガスが分離して降ってくることはない。しかし、低温の濃い火山ガスは空気より重いため、風の弱いときには噴気孔の周りの窪地に溜まることがある。また火山ガスが噴出している地域のすぐ風下に高濃度の火山ガスが流れてくることもある。そのため、無風ないし風の弱いときには噴気孔の周辺の窪地には立ち入らず、そうでないときも、噴気孔の風下側には近づかないことが大切だ。さらに、火山活動の変化で、ガスの濃度や成分が変わることがあるので、以前には問題がなかったところでも事故が起こる可能性がある。火山活動が活発化したときは、噴気地帯に不用意に近づかないほうがよい。

また、冬季は積雪で噴気孔が埋もれることがあるが、その熱で雪の下が空洞になってしまうことがある。そのような場所を踏み抜いて落ちると、高濃度の火山ガスの溜まりに落ち込むことになるので、大変危険である。実際、そのようなところに落ちて死亡した事故も起こっている。山スキーや冬山登山、冬季の野湯へ入浴しに行くときなどは、十分注意したほうがよい。

もしガス中毒で倒れている人を見つけたら、いたずらに救助に行かないことも重要だ。冷たいようだが、不用意に踏み込むと、救助者もガス中毒となり二重遭難が発生する。ガス検知器やガスマスクなどの装備を持って立ち入る必要があるのだ。

過去に火山ガスによる事故が起きた地域は、特に注意したほうがよいので、どこが危険か事前に調べておくようにしたい。噴気地帯のある山（**図3－5**）に登る際は、地元自治体や登山情報などが載っているホームページなどから情報を集めておく必要がある。また、国土地理院発行の地形図にも、主な噴気孔の位置が掲載されている。インターネット上で閲覧できる地理院地図にも示されているので、登山前に確認するとよいだろう。火山ガスの事故は、多くの場合、噴気地帯に近づかなければ防げるので、事前に調べて立ち入らないようにしてほしい。

責任をふまえた登山

火山国日本で登山をするかぎり、最低限、登る山が活火山かどうかは事前に調べるべきだ。そして、天気予報と同じく、火山がどのような状態なのか調べたうえで、自ら判断して登ってほしい。いたずらに怖がることはないが、十分な事前準備を行えば、さらに安全になるので、怠らず準備をお願いしたい。また、登る火山の成り立ちなどを知っていれば、登山の楽しみも広がるであろう。登る火山をよく知ることは、安全のみならず、より楽しく面白い登山をすることにつながるので、これまで記してきたことを参考にしていろいろ調べてみてほしい。

紹介した事前準備のすべてを実行するのは、ちょっと荷が重いという人には、日本火山学会がつくったパンフレット「安全に火山を楽しむために」をお勧めする。このパンフレットは、日本火山学会のホームページからダウンロードできる。これには、活火山の一覧、噴火や噴火予知の基礎知識、気象庁からの情報の解説などがコンパクトにまとまっているので、火山を登る際に必要な安全知識の概要を知るのに便利だ。

登山は、火山に登らなくても、多少の危険を伴う行為である。日本のような自由主義国家の先進国は、基本的人権の自由権により、行動の自由が保障されている。そのため、よほどのことがないかぎり、個人の行動を制限するようなことは行えず、漠然と危険だからといって火山登山を禁止することはできない。よほどの合理的な理由による立ち入り制限が行われないかぎり、登山する権利が私たちにはある。その一方、火山を含む山岳地へは、自身の判断と責任のもと立ち入ることになる。そういったことをふまえながら山とつきあっていくことが大事ではなかろうか。

コラム　2011年大震災以降、噴火は増えていない

話はそれるが、2011年の東日本大震災以降、噴火が増えたということが話題にのぼることがあるが、それは本当だろうか？

最近数十年間の日本列島では、1年間に2～9火山、平均して年間5火山が噴火している。図3－1を見てもわかるように、2011年を境に噴火した火山の数は増えていない。しかも、2011年の震災以降は、マグマが1億トン以上と、たくさん噴出した噴火は西之島のみ

この火山は東日本大震災の震源域から遠い場所にある。さらに、この噴火は頭抜けて大きい噴火ではなく、この噴火の10倍以上もある大きな噴火は、それほど珍しくはない。つまり、震災以降、噴火が増えたというのは、まったく根拠のない話なのだ。

ただ、まだ論争はあるが、他の超巨大地震を境に火山活動が活発化したと考えられる事例もある。東日本大震災を境に火山活動が活発化しなかったのは、幸いなのかもしれない。

第4章

火山学者の視点で火山を歩く

第1～3章では、火山とは何か、火山の恵みや危険などについて述べてきた。本書の後半であるここからは、登山対象となっている火山について、どのような見どころがあるか紹介する。紹介するのは、東北地方の蔵王山、首都圏の登山者に人気のある八ヶ岳、霧ヶ峰と美ヶ原《うつくし》、焼岳《やけ》のほか北アルプスの諸火山（白馬大池、立山、雲ノ平《くもだいら》周辺、乗鞍岳）、御嶽山《おんたけ》、九州の霧島山の11火山である。いずれも筆者（及川）が実際に研究などをしたことがある、なじみ深い山々である。では、各山々がどのような噴火活動でつくられた火山で、どこに行けば何が観察できるか、具体的に紹介しよう。

蔵王山

最長の山脈の上にある火山

日本で一番高い山は富士山、日本で一番高い山脈は飛騨山脈（北アルプス）と赤石山脈（南アル

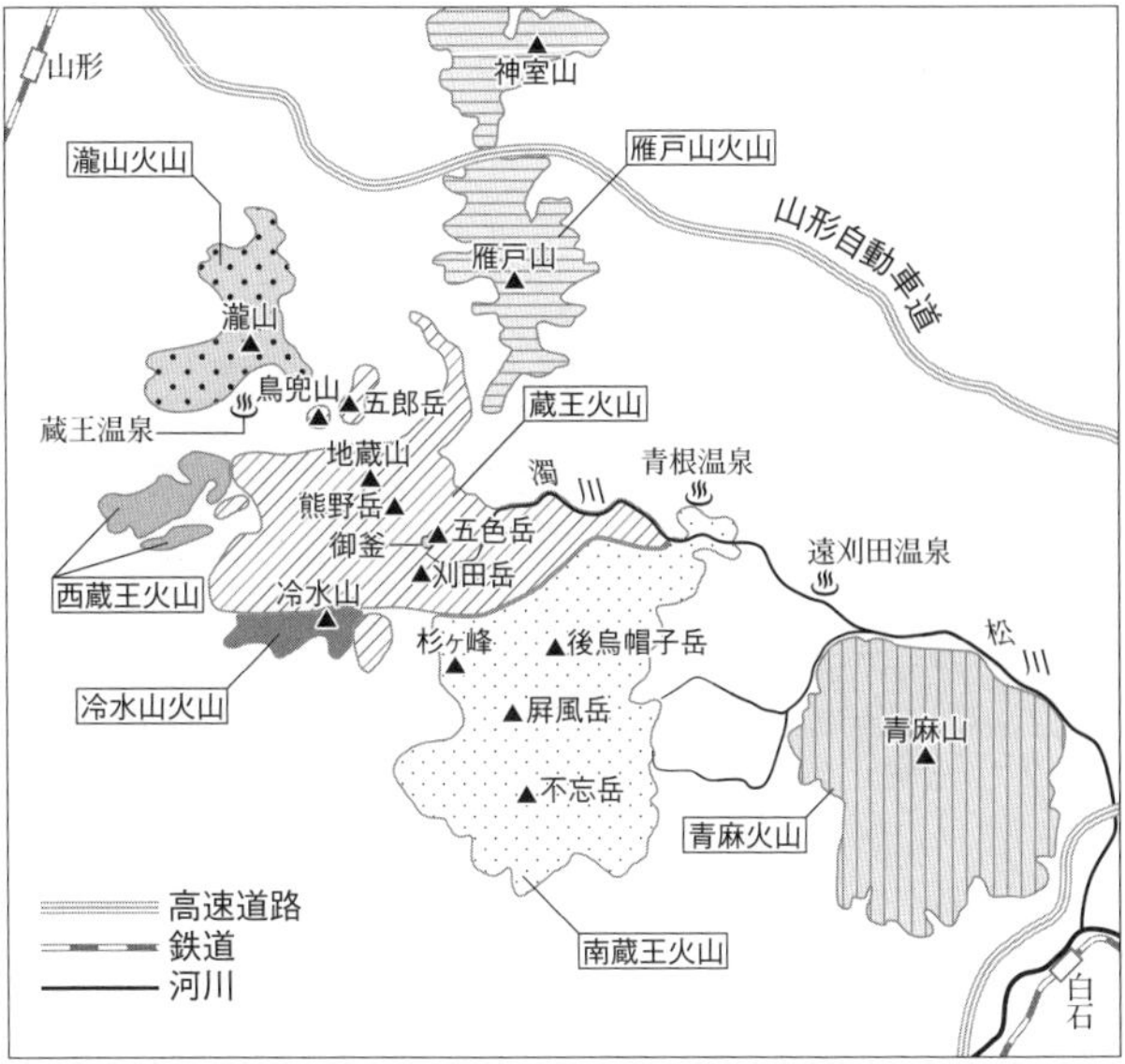

図4-1　蔵王火山とその周辺の火山

プス）、そして、日本一長い山脈といえば、東北日本の背骨をなす奥羽山脈である。奥羽山脈の別名は脊梁《せきりょう》山地であり、その名のとおり、東北地方の背骨をなす山脈だ。この山脈は、５００㎞ほどの長さで、ほぼ火山フロントに沿って伸びている。そのため、那須岳、安達太良《あだたら》山、吾妻《あづま》山、船形《ふながた》山、栗駒山、焼石岳、秋田駒ヶ岳、岩手山、八幡平、八甲田山など数多くの火山がある。そのうち、代表的な火山の一つとして、山脈のほぼ中央に位置する蔵王火山がある。

長く大きな蔵王火山

蔵王山というと、蔵王温泉や遠刈田《とおがった》温

図4-2　仙台駅付近から望む蔵王連峰

泉など中腹や麓の温泉や、個性的な火口湖である御釜《おかま》、最高峰の熊野岳を有する中央蔵王のイメージが強い。しかし、その北の雁戸《がんど》山や瀧山《りゅうざん》などの北蔵王、また、南の杉ヶ峰や不忘《ふぼう》山からなる南蔵王など複数の火山体が集まってできた大きな火山が蔵王山である（図4－1）。

ただし、蔵王山の最高峰である熊野岳は標高１８４１ｍと、山域一番の高さを誇るが、火山の基盤をなす岩石は標高約１４００ｍまで分布しており、火山そのものの高さは意外に低い。

この熊野岳や御釜をいだく中央蔵王をつくる蔵王火山の活動は、約１００万年前に始まったと考えられている。その後、しばらくは火山活動を停止していたようだが、約50万年から再び活動を開始した。山体の大部分は、約35万～20万年前と13万～4万年前につくられた。東西のスキー場のある斜面は、このときつくられた溶岩からなる。その後、約３万５０００年前から現在に続く火山活動を行っている。蔵王のシンボル、御釜をいだく五色岳は、この最新の活動期に活動した火山体で、約２０００年前から活動を開始し、現在に続く。

謎のロバの耳

蔵王火山の最初の活動は、中央蔵王の中ほどと南で始まった。そのとき噴出したものでつくられたのが「ロバの耳」とよばれる岩峰である（図４−３）。

御釜の周辺は、すぐ近くまで車で上がることができるため、登山の対象と考えない人もいるだろうが、広い蔵王の山塊には、まだまだ山岳を感じさせる風景が広がる。

御釜の近くでも、その東側や北側は険しい岩壁に囲まれ、アルペン的な景観が広がる。特にロバの耳の周辺は、東北の山とは思えないほど荒々しい景観で、短いながら険しい岩稜であり、滑落の危険を伴う難コースである。そのため残念ながら、東側からロバの耳を経由して熊野岳に上がる道は、今は一般登山道として整備されていない。

このロバの耳付近に露出する岩石は、かつての水中の火山活動、水冷された火山岩が堆積した地層からできている。

水は空気より熱を奪いやすい性質をもっているため、熱いマグマが水中に噴出すると、岩石は急冷され、ガラス状の石となる。また、物質は冷えると体積が減少するので、マグマが急激に冷え固まった岩石には、細かい割れ目が発達して、脆《もろ》い岩石がつくられる。これは、熱したガラスを水で冷やすと粉々になるのと同じ現象である。陶器の表面を覆う釉薬《ゆうやく》に「貫入」とよばれる細かいヒビが入っているのを見たことがあると思うが、そのヒビは釉薬が冷え固まるときに収縮してできる割れ目であり、それも似た理屈でつくられる。このような割れ目は、冷える速度が速くなるほど細かくなることが知られている。それと同じように、マグマも早く冷えると火山岩に細かい割れ目がたくさんできてバラバラになる。そして、ロバの耳のように、水中に噴出したマグマは、割れ目の多いガラス質の火山岩の角礫《かくれき》が集合したような「ハイアロクラスタイト」とよばれる岩体を形づくる。

さらに、ロバの耳や御釜の東側の山腹では、よく見ると、ハイアロクラスタイトの中に縦や横に伸びる硬く突き出た岩の帯があるのがわかる。この岩の帯は「岩脈」とよばれるかつてのマグマの通り道である。ロバの耳では、その先端がほぐれてばらばらになり、ハイアロクラスタイトに変化していく様子が観察できる。これは、まさに、地下から上昇してきたマグマが水中に噴出して砕けていくところが固まって保存されているものである。つまり、ロバの耳は、かつてのマグマの出口である火口やそのすぐ下の地下の部分が削られずに残って、岩峰となっている場所なのである。

図4-3　ロバの耳

では、そのような場所がなぜ山の上に残されているのであろう。かつて水中であった理由は、今の蔵王火山があるあたりに湖があったためであると考えられている。中央蔵王の南や南蔵王には、ロバの耳をつくる火山噴出物と同時代の成層火山の噴出物が分布することから、その湖の成因は、これら火山の活動によるせき止め湖であるかもしれない。また、ここにかつてのカルデラ湖があったと考えている人もいる。どのような湖があったかは定かでなく、蔵王の謎の一つである。

いわゆる「馬の背カルデラ」

宮城県側から車で御釜に登っていくと、途中に駒草平や大黒天などの展望台がある。特に駒草平の周辺は大きな木々が少なく視界が開けており、立派な展望台がある。そこからは、御釜の周辺から流れ出る河川が、振り子滝や不帰《かえらず》ノ滝などの大きな滝となって落ちる雄大な景色を眺めることができる（**図4－4**）。

これら展望台のある尾根は、東に開いたU字型の形をなしており、御釜の外側をぐるりと取り囲んでいる。この地形は、かつては大規模な火山活動によってマグマが移動・噴出してつくられた陥没地形、つまり、カルデラであると考えられたことがあり、このU字型の尾根は「馬の背カルデラ」と命名された。しかし、カルデラをつくるような大規模な火山活動の痕跡が発見されないことから、現在、この地形は噴火によってつくられたカルデラ地形ではなく、複数の火口地形が浸食によりつながり合体したため、大きな窪地がつくられたと考えられている。しかし、「馬の背カルデラ」という呼称はそれなりに広く使われているため、通称として残っている。

駒草平の周辺は、植生があまり発達していない平坦な火山岩の礫が転がる風景が広がる。植生の乏しい荒涼とした風景は、最近の火山活動によってつくられたと思われがちだ。しかし、足元の岩石は約３万５０００～１万３０００年前の間のいずれかに噴出したものであり、十分植生が回復できる程度古い。最近の火山活動による火山ガスの影響などは考えられるが、噴出物による埋没によって植生が失われたのではない。おそらく、冬に吹き曝

図4-4　駒草平からの「馬の背カルデラ」内。中央の峰が御釜をいだく五色岳。左の滝が不帰の滝

しとなるため、もともと植生の発達が悪いのだろう。

約３万５０００〜１万３０００年前の間に蔵王火山では、駒草平で見られるような噴出物をつくる噴火をたびたび発生させた。これらの噴火は、それ以降の最近の噴火より比較的大きな噴火であり、山頂に大きな火口を複数つくったと考えられる。このような噴火で生まれた火口が崩壊や浸食を受けることで拡大して大きな窪地となったのが、「馬の背カルデラ」なのであろう。

火口湖御釜——東北有数の噴火記録の残る火口

東北地方で最も噴火記録の残る山は蔵王火山である。蔵王のシンボルといえば御釜だ（**図４－５**）。荒涼とした風景の中にあるエメラルドグリーンの火口湖は神秘的である。御釜は、そのすぐ東側に位置

図4-5　御釜

する五色岳の火口湖で、歴史時代の活動はすべてこの火口から発生した。

御釜で噴火したと考えられる確かな記録は、鎌倉時代の1230年にさかのぼる。鎌倉時代より前の平安時代にも噴火記録があるとの説もあるが、噴火記録といえるものは見つかっていない。

かつて神社には、朝廷から「正一位」などの位が授けられていた。昔の学説では、噴火すると位が上がると考えられ、位の昇格の記録は、噴火によるものととらえられていた。しかし、今はそのようには考えられておらず、噴火以外でも位が昇格する例がたくさん見出されるようになった。そのため、神社の昇格と噴火を結びつけることは、最近は行われていない。

蔵王の場合、鎌倉時代以前の噴火の記録とされているものは、すべて蔵王山を祭る刈田神社の位の昇格の記録であり、その昇格の記録には、噴火に関することはまったく書かれていない。蔵王は平安時代の東北の中心地である仙台の東の多賀城からも望める山なので、この時代に噴火していたら、記録は残る可能性が高いのに残っていないのだ。

噴火記録が多く残っているのは、江戸時代からである。これは、全国的に文書記録が残りやすくなった時期と一致する。つまり、噴火記録が多く残っているからといって、ここ数百年間の活動が活発になったわけではない。江戸時代の以降の約400年間の噴火記録をまとめてみると、御釜は100年間ほどたびたび噴火し、その後100年程度の休止期を挟んで、また100年程度噴火するという傾向が認められる（図4-6）。そして、活動期の100年間は、年単位の休止期を挟みながら、間欠的に噴火を繰り返している。これらの噴火によって、山頂付近の神社が焼けた記録もあることから、高温のマグマが噴出するマグマ噴火が発生したと考えられる。しかし、山麓の集落まで厚く火山灰を降り積もらせたり、大きな石を吹き飛ばしたりするような活動はなかったようである。このような特徴は、噴出物からも裏づけられる。

この噴火記録を丹念に読み解くと、面白いことがわかる。現在の蔵王のシンボルである御釜は意外に若いかもしれないのだ。江戸時代の初期、17世紀初頭の1625年の噴火記録には、御釜の名前は見つからず、現在の御釜周辺は「灰塚森」とよばれていた。つまり、御釜とはよばれていなかった。灰塚とは、おそらく火山灰・火山礫が積もってできた高まりという意味であろう。「○○森」は、東北地方では「○○山」という意味であることから、灰塚森とは、火山灰・火山礫が積もってできた山という意味であろう。ここには、火口湖の存在をうかがわせる証拠はない。

その後、数十年間の休止期を挟んで活動を再開した17世紀後半の1668～1670年の活動以降、御釜とよばれていることが記されている。つまり、御釜の呼称は、それ以降から使用されるようになったのだ。御釜は噴火のたびに水があふれ、下流に洪水などの被害を及ぼすことがたびたびあった。この水があふれ出るようになったのも、御釜とよばれるようになった17世紀後半の噴火からである。現在のように、火口に水が溜まり、御釜とよばれるようになったのは、どうやら17世紀後半からのようである。それ以前にも火口湖はつくられたり消滅したりしていたと考えられるが、江戸時代の初めの17世紀前半は、御釜には水が溜まっていなかった可能性が高いのである。

先にも述べたように、記録の残る江戸時代以降の噴火活動はマグマ噴火であったことがわかるが、いずれの噴火も、人が生活している山麓の集落などにはわずかな火山灰が降るのみで、大きな被害はなかったようだ。しかし、たびたび御釜から水があふれ出て洪水を起こし、田畑などに被害が生じている。

最後の顕著な噴火活動は、明治の1894～1897年に発生した。このときも御釜から水（お湯）があふれ出て、下流の遠刈田温泉近くの河川で急な増水が生じた。また、降灰が現在の仙台空港付近まであったことも記録されている。このように噴火の際、たびたび御釜から水があふれているため、噴火した際には、不用意に河原に近づかないことが大切である。

明治の噴火後、顕著な噴火活動はないものの、数十年ごとに異常が発生している。最後の顕著な

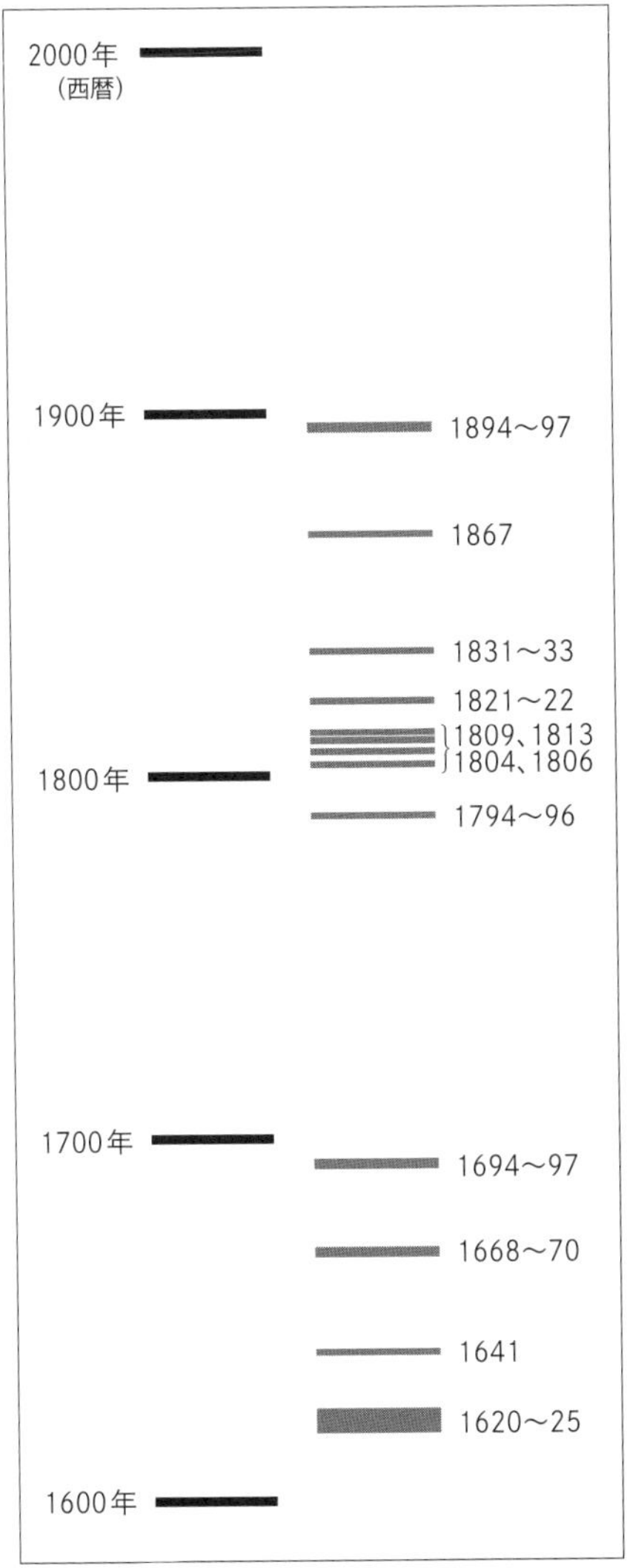

図4-6　西暦1600年以降の噴火（右側が噴火した年）

火山活動は１９３９〜１９４３年の活動で、新たな噴気孔が発生したほか、御釜に硫黄が一面浮かび、湖面が黄白色になった。ごく最近では、２０１４年10月に湖面の一部で変色域が認められ、２０１４〜２０１５年と２０１８年に火山性微動がたびたび観測された。このように御釜は最近も活動している、生きている火口湖である。

八ヶ岳

高く長大な山稜をなす火山

八ヶ岳は富士山と日本アルプスに次ぐ国内有数の高山地域だ。山稜は南北約30㎞にもつらなり、最高峰の赤岳が標高2899mと、3000m近い標高をもつうえ、2500mを超える山を14峰も有する。しかもこの山域には八ヶ岳と蓼科《たてしな》山という二つもの日本百名山を有している。

八ヶ岳は南北で異なる個性をもつ山脈として知られている。一般に山脈のほぼ中央の夏沢峠を境に、南八ヶ岳と北八ヶ岳に分かれる。南八ヶ岳は岩稜と岩壁からなる険しい山容を示すのに対し、北八ヶ岳はなだらかで、深い森を有しており、同じ山域とは思えないほど雰囲気が異なる。名高い山岳随想書である山口耀久著の『北八ッ彷徨』では、「南八ヶ岳を動的《ダイナミック》な山だとすれば、北八ヶ岳は静的《スタティック》な山である。前者を情熱的な山だといえば、後者は瞑想的な山だといえよう」と表現している。際立って異なる山々であるが、南八ヶ岳も北八ヶ岳もすべて火山によってつくられた。この二つの対照的な山容の違いは、火山としての歴史が異なることから生まれている。

古い南八ヶ岳と新しい北八ヶ岳

八ヶ岳は、八柱《やばしら》山火山群とよばれる古い火山の上に、新しい八ヶ岳火山群が重なってできた山である。古い火山群の名称に使われた八柱山は、北八ヶ岳の雨池の東にある標高２１１５ｍのピークだ。

八ヶ岳火山は、かつて山体を構成する噴出物の重なりの状況から活動時期が分けられてきたが、今では噴出物を理化学的な方法で分析して求める年代値を使って活動時期を決定している。その結果、八柱山火山群の活動年代は約１２０万～80万年前で、主に現在の北八ヶ岳の中腹から山麓を形成する火山であることがわかった。その古い火山体を覆って八ヶ岳火山群が約50万年前から活動を開始し、蓼科山から編笠山にかけての現在の稜線を形づくった（図4－7）。

さらに活動時期を詳しく見ていくと、南八ヶ岳は、約30万年前に火山活動をほぼ停止したのに対し、北八ヶ岳はそれ以降も火山活動を続けていることがわかった。北八ヶ岳の北横岳などは、気象庁によって活火山に認定されている。つまり、南八ヶ岳は北八ヶ岳にくらべて古い火山によって稜線がつくられているのだ。

火山は火口から噴出物を流し降り積もらせることで形づくられる。そのため、比較的整った円錐形の山をつくることが多い。たとえ雨雪などによって斜面が削られ、谷が形成されたとしても、繰

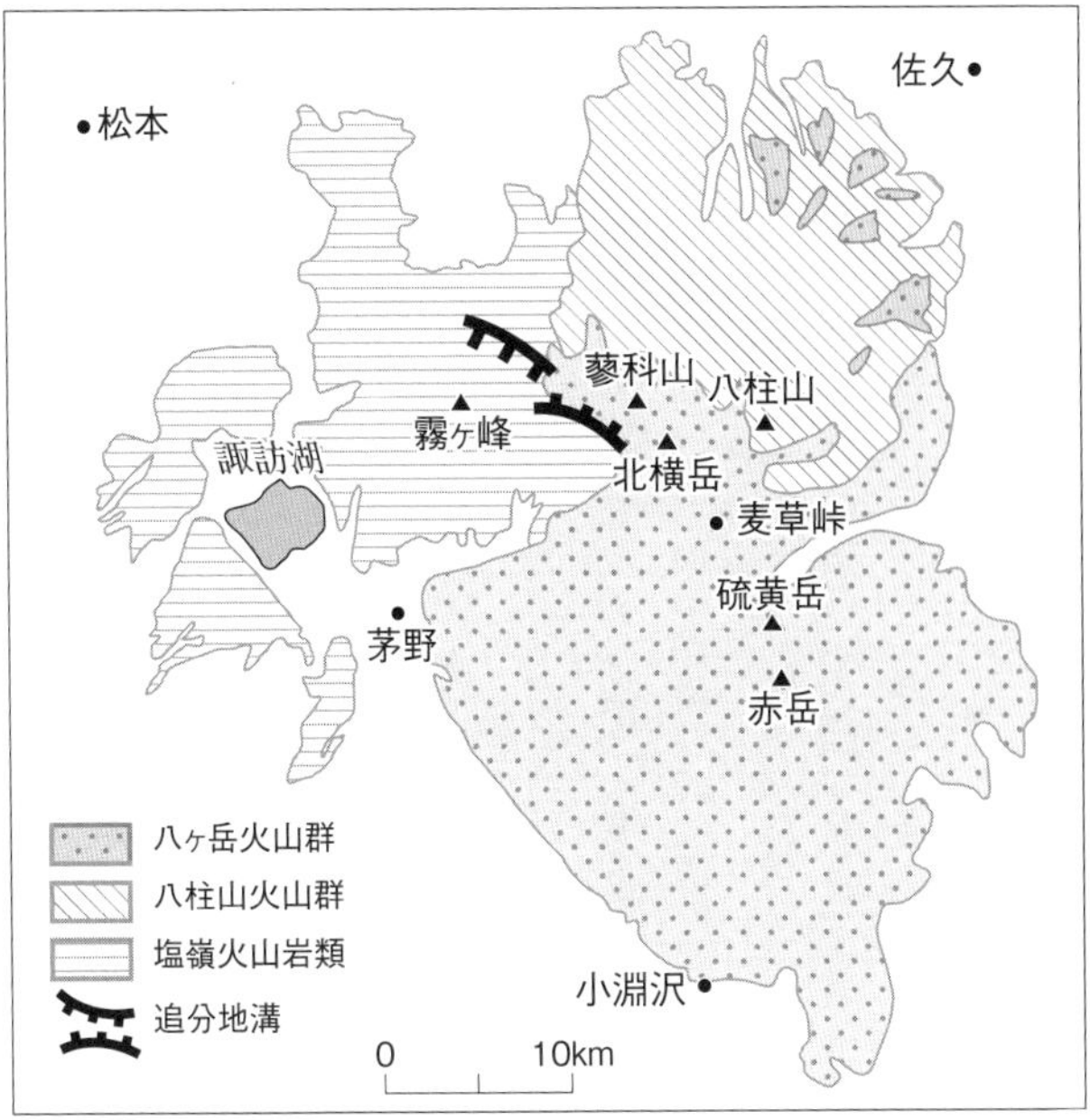

図4-7　八ヶ岳火山群と八柱山火山群

り返し噴火を続ければ、その谷は埋まり、つるんとした山容を形づくる。しかし、活動を停止した火山は、噴火により谷が埋められることがなく削られ続け、どんどん深く険しい谷ができていく。また、火山噴出物は崩れやすいので、山体崩壊によって急峻な地形がつくられることもある。南八ヶ岳は、古くに活動を停止したことから、浸食や崩壊の影響を長く受け、険しくなったのである。

浸食された南八ヶ岳は、火山の中身が観察できる山でもある。硫黄岳から横岳、赤岳、キレット、権現岳にかけての荒々しい稜線やその脇の岩壁を望むと、横方向に伸びた縞々が多く認められる。この縞々は、火山噴出物、溶岩や降下火砕《かさい》物、火砕流堆積物などが積み重なってできた〝地層〟である。この火山噴出物でできた層は、火山体の表面に沿って平行に重なってつくられる（図4－8）。そのため、層の傾きは火口から外側に傾斜した形となる。硫黄岳から南を望むと、南八ヶ岳のお馴染みの風景、赤岳、阿弥陀岳が二つ並んだ景色が広がる（図4－9）。赤岳や横岳の縞々は大局的には東側に傾いているが、阿弥陀岳周辺の縞々は西側に傾いている。赤岳と阿弥陀岳をつなぐ稜線上には、中岳とよばれるピークがあるが、それを中心に、左右に層の傾斜が異なっている。これは、かつて中岳の上に火口があって、そこから噴き出した火山噴出物が左右に流れることで赤岳と阿弥陀岳の層をつくったことを示している。つまり、かつての南八ヶ岳は現在よりも高い火山で、火口は赤岳よりも高いところにあったことになる。中岳は火口の下のマグマの通り道の化石でつくられており、その通り道で冷え固まった緻密な火山岩が浸食に強いため、高まりとなった峰なのである。

一方の北八ヶ岳は比較的新しい火山であるため、まだ浸食が進んでいない。そのため、荒々しい岩稜や岩壁に乏しい。しかし、一方で、苔むした溶岩の岩塊《がんかい》の上に直接木々が生え、深い森を形成している。「北八ッといえば、だれでもすぐに思い出すのは、あの苔の匂いであろう。朽ちた倒木や、古い岩石や、湿っぽい土のそれとまじった、なつかしい森の匂いである」と『北八ッ彷徨』で

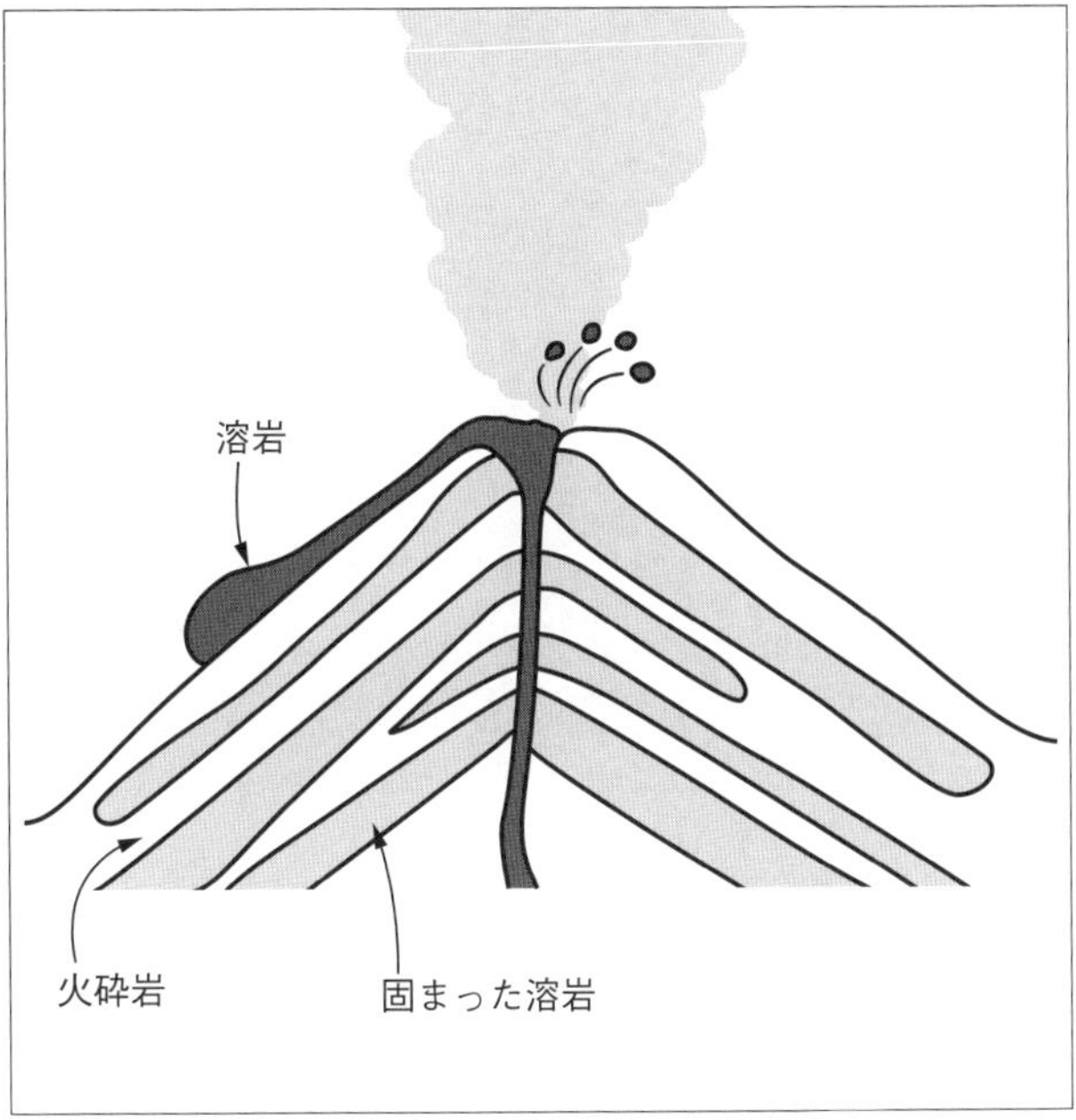

図4-8　成層火山の断面

図4-9　赤岳、中岳、阿弥陀岳。北側の硫黄岳から望む

図4-10　北八ヶ岳の森の下にある苔むす溶岩

も書かれているように、北八ヶ岳といえば、深い森の林床がゴロゴロと苔むした岩石で覆い尽くされている景観が典型的だ（図4－10）。

八ヶ岳は活発な噴火活動を行ってつくられた火山であるが、北八ヶ岳の稜線部が形成された最近の約10万年間は、軽石やスコリアなどの火砕物を火口から噴き上げ、降らすような活動はあまりなかった。そのため、溶岩の表面が火砕物で厚く覆われ、表面の細かな凹凸が埋まってしまった地域は少ない。また、高い山で冷涼な環境であることと、比較的新しい溶岩であることから、その上の土層の発達もよくない。そのため、土でも溶岩上の小さな凹凸は埋められていない。だから、溶岩の表面を構成する岩塊が直接地表を形成して、地表に大きな石がゴロゴロと転がっているのだ。そのようなゴロゴロとした岩が苔むして、樹木が生えることで、現在のような景観が生まれたのである。生えている木々を見ると、岩と岩の間に生えているのではなく、岩を抱え込むように生えている。北八ヶ岳の深い森はおそらく、溶岩表面の岩塊上に落ちた実生が発芽し成長した木々でつくられているのだろう。

かつて日本の最高峰

かつて南八ヶ岳は現在より高い山であったことを解説したが、では、どのくらいの高さの山であったのだろうか。実は、八ヶ岳は日本列島の歴史上、最高峰であったことがある。

前に述べたように、層の傾斜から、浸食・崩壊する前の標高を復元してみると、八ヶ岳は標高３４００ｍほどの高い山であったと推定される。しかし、25万〜13万年前に山体崩壊を起こし、現在とほぼ変わらない標高になったと考えられている。当時、富士山はまだ誕生しておらず、日本第二の高峰である北岳の高さは３１９３ｍだ。そのため、崩壊前の八ヶ岳は日本最高峰であったと考えられるのだ。この山体崩壊によりできた地層は、「韮崎岩屑《にらさきがんせつ》なだれ堆積物」と名づけられ、山の南側に広く広がっている。その体積は９㎦にも及び、甲府盆地を埋め尽くした。日本列島における最大級の山体崩壊だ。山体崩壊によって崩れた火山のかけらの大きいものは小山となって運ばれ、堆積物の上にいくつもの丘をつくった。このような丘は、火山学では「流れ山」とよばれる。韮崎

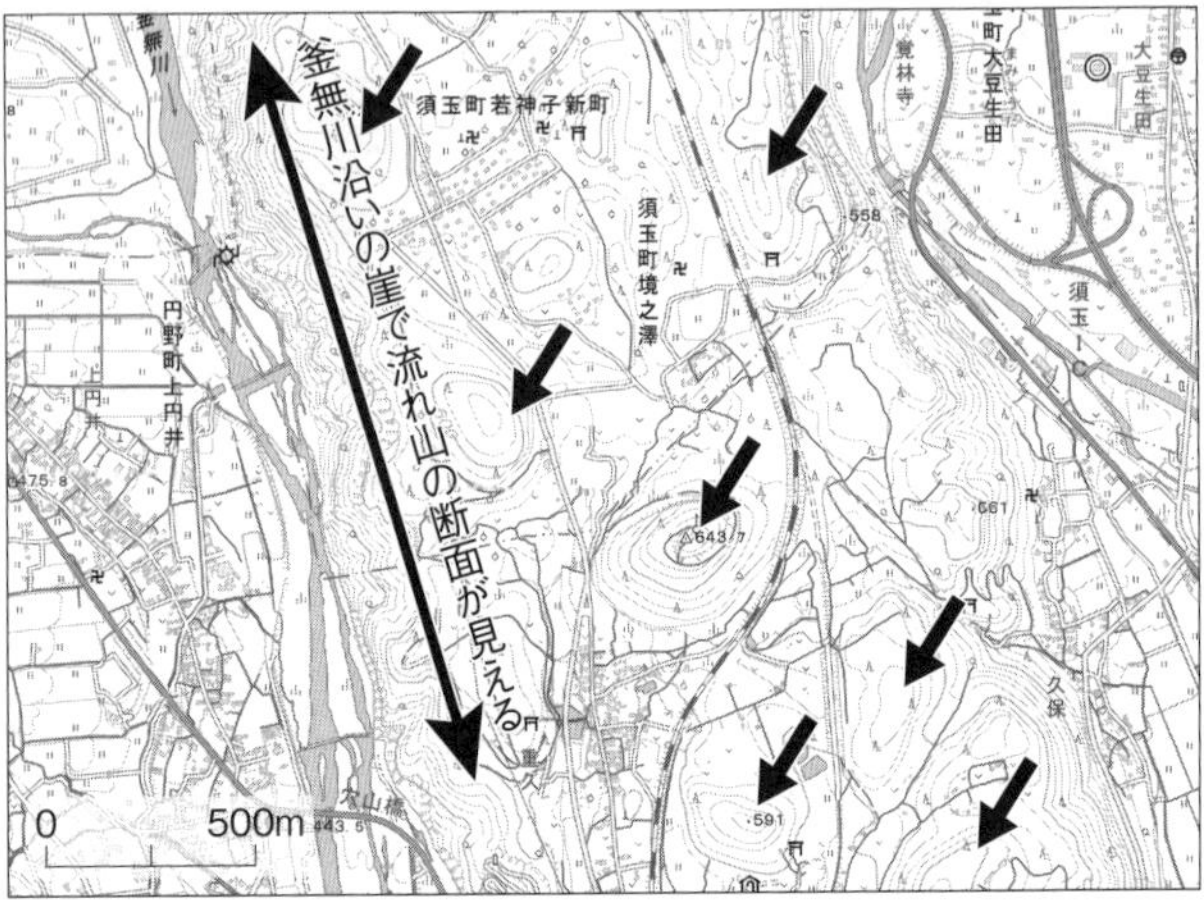

図4-11　韮崎市円野町付近で見られる韮崎岩屑なだれ堆積物の流れ山（矢印）

岩屑なだれ堆積物中の流れ山は一つ一つが大きく、巨大な崩壊であったことを物語っている。有力な戦国大名である甲斐武田氏が本拠として築いた新府城は、この韮崎岩屑なだれ堆積物の流れ山まるまる一つを使って建てられている。それほど大きいのだ。この流れ山の断面は、韮崎から白州町にかけての釜無川左岸沿いにつらなる七里岩とよばれる崖で観察することができる（図4－11）。そこでは、南八ヶ岳の稜線で見られる層をなした火山噴出物が確認できる。

平安時代の大崩壊

八ヶ岳は、火山学者の間では、信州大学におられた河内晋平教授が詳しく調べられた火山としても有名だ。河内教授は、麦草峠にまだ国道が通じていない時代に、広い八ヶ岳全域をくまなく歩き回られ、その調査結果を2枚の5万分の1地質図「八ヶ岳」、「蓼科山」としてまとめた。この地質図を出版された後も河内教授は調査を進め、いろいろなことを明らかにした。本書の八ヶ岳の解説も、河内教授の研究結果に負うところが大きい。その河内教授が、なんと平安時代に八ヶ岳が大崩壊したことを明らかにしている。

河内教授は1980年代の一連の研究で、北八ヶ岳の天狗岳の東側にあった山体が大崩壊を起こし、それが古文書に残された888年の信濃国（現在の長野県）で発生した山崩れと洪水の記録に相当すると指摘した。そして、その崩壊は、八ヶ岳で発生した水蒸気噴火を引き金に発生したと考えた。しかし、水蒸気噴火が発生した証拠は見つかっていない。その後、2000年ごろに、別の研究者が南海地震、東海地震の記録を精査する過程で別の新説を考えた。その後、新説に合致する地形、遺跡、記録などの情報が得られたことから、現在は、複数の研究者がこの大崩壊に関連する現象を次のようにまとめている。

887年8月22日（仁和三年七月三十日）に南海地震、東海地震が同時に発生したため、八ヶ岳は強い地震動に襲われた。その結果、天狗岳の東方の山体が大きく崩壊する山体崩壊が発生した。それによる土砂は東に流れ、山麓を埋め尽くし、東麓を流れる千曲川をせき止め、大きな湖をつくった（**図4-12**）。この崩壊でつくられた湖の水量は5・8億㎥と推定される。これは黒部ダム（黒

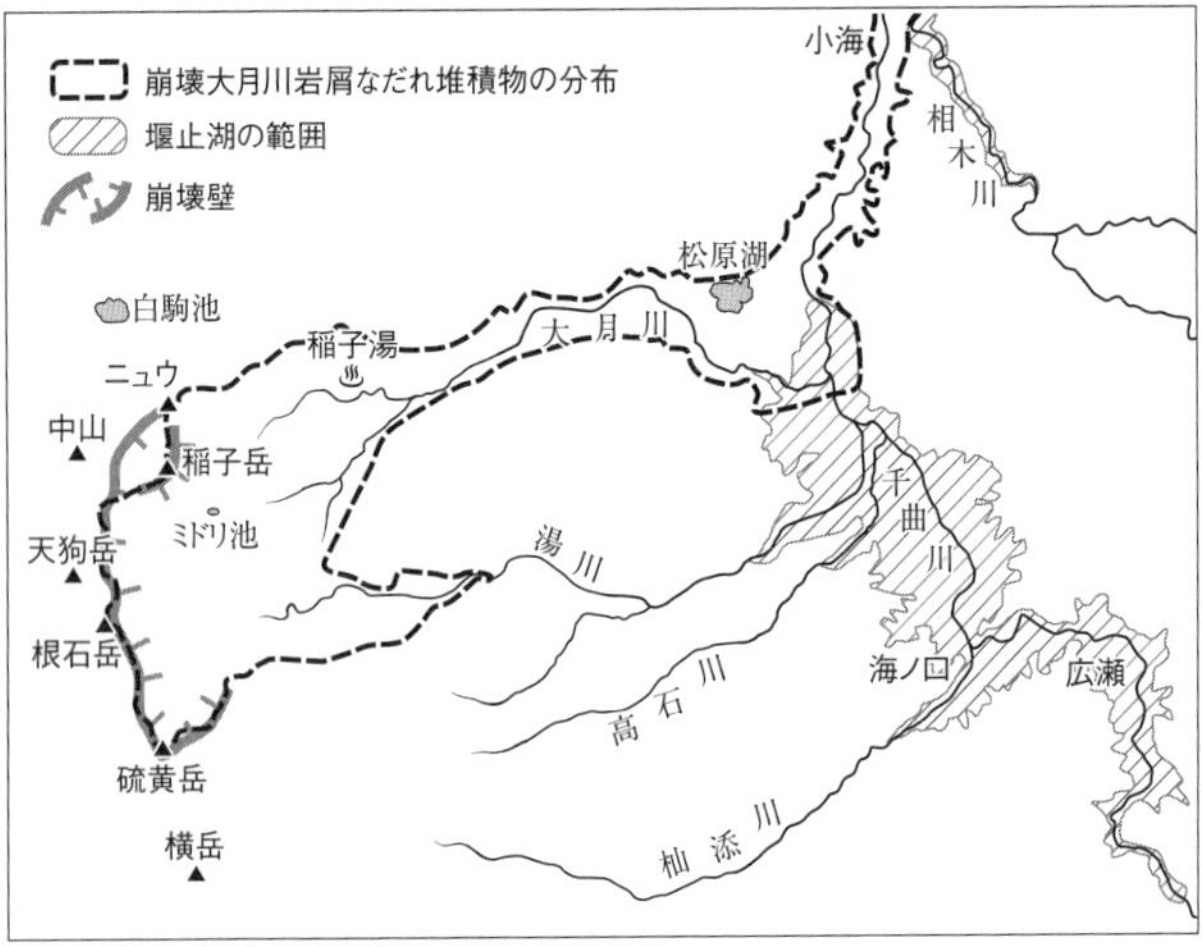

図4-12　平安時代の大崩壊と湖

部湖）三つ弱ほどの大きさである。この湖はおよそ10ヶ月後の888年6月20日（仁和四年五月二十八日）に崩壊し、下流に大洪水を引き起こした。このときの洪水によって運ばれた土砂は、約70km下流の長野盆地まで達した。土砂が当時の田などを覆っている様子が遺跡発掘によって確認されている。

この大崩壊の痕跡は、北八ヶ岳の天狗岳やニュウに登ると観察することができる。天狗岳からニュウにかけての急崖は、山体崩壊の際、山が崩れ落ちたところにできた崖である。崩れ落ちた山体はばらばらになり、流れ山となって麓に堆積した。現在の天狗岳東麓にある松原湖はその崩壊した土砂の上にできた湖であり、松原湖周辺の小丘はかつての火山のかけらの流れ山である。

図4-13　硫黄岳から望む稲子岳（白矢印）。左後ろの崖（黒矢印）から滑り落ちて止まった山塊が稲子岳。左の白い雪を被ったピークは東天狗岳

また、ニュウや天狗岳、硫黄岳から稲子岳を望むと、急な崖をもつ稜線が二重になって並んでいることに気づくであろう（図4－13）。この二重の稜線は、平安時代に山体崩壊が発生した際、ニュウの南側の山体から滑り落ちたブロックが途中で止まり、稲子岳となったためと考えられている。稲子岳を斜面に沿って引き上げると、ニュウの白駒池側の斜面とひと続きになることがわかる。

活火山でもある北横岳

「八ヶ岳は活火山である」というと、多くの登山者は不思議に思うかもしれない。目立つ噴火口や活動的な噴気孔などが見当たらない山域なので、そう思うのも当然である。しかし、北八ヶ岳の北横岳は気象庁認定の活火山であり、最近1万年間

図4-14　坪庭溶岩

にたびたび噴火している。

ロープウェイから北横岳に登った方は、山上の駅を降りるとゴツゴツとした岩だらけの丘が目の前に広がるのを覚えていることだろう。坪庭とよばれるこの丘は、八ヶ岳の最新の溶岩で構成されている（図4－14）。坪庭の周囲の溶岩はしっかりと森林に覆われているのに対し、坪庭はまだ植生が乏しく、溶岩が直接顔を出しているところも多い。植生に完全に覆われないくらい若い溶岩であるというわけである。この溶岩は、北横岳山頂を南側にややくだったところから流れくだったもので、約2200年前に流れ出たと考えられていたが、最近はもっと若い600年前の溶岩であると考えられるようになってきた。

そのほか、三岳を構成する溶岩などは植生に覆われているものの、北横岳には表面がゴツゴツした溶岩が多数残っていることから、山体の大部分は約1万年以内に形成されたものであることが推測される。なお、山頂の西側に広がるすり鉢状の窪地は火口で、そこから流れ出た溶岩が北横岳東側の三岳をつくっている。三岳の稜線は北八ヶ岳には珍しく岩稜で、岩塔などが複雑に入り組んだ地形である。これは、溶岩が流れたときにつくられた細かい凸凹《でこぼこ》がまだ浸食によって失われていない新しい溶岩であるためである。

小さな火口、地獄谷

火山といえば噴火口を思い浮かべる登山者は少なくないであろう。火山の山頂に立つと、そのすぐ脇に深く大きな窪地、火口があることが多い。山の一番高いピークの近くに大きな凹《へこ》みがあるというのはなんとも不思議な風景だ。その魅力に惹《ひ》きつけられる人が多いのも納得だ。しかし、火口は山頂にだけあるわけではない。火山は噴出物が最も頻繁に出て積み重なった場所が一番高くなるので、山頂付近に一番目立つ火口があることは当然である。しかし、山腹や思わぬところに火口があることもあるのだ。

　八ヶ岳は比較的古い火山で、浸食も進んでいるため、目立つ火口は少ない。しかし、北八ヶ岳にはいくつかの火口が認められる。そのうち、麦草峠の北東の標高２１３０ｍの地点には小さな火口がある。メインの登山道から外れるが、火口まで踏み跡もついている。地獄谷とよばれるこの火口は、直径70m、深さ25～35mほどの大きさで、深い森の中にひっそりと口を開けたすり鉢状の窪地である。標高が低いにもかかわらず、夏でも底の岩間に残雪が認められることが多い。溶岩の隙間から冷風が噴き上げ、風穴となっていること、窪地で日が当たりにくいことなどから、雪が残るのだろう。夏真っ盛りでも底まで降りるとひんやりと寒くなる。そこから上を眺めると、深い森の中にぽっかりと空が見え、不思議な景色が広がる。年によっては、雪解けから初夏にかけて一時的に底に水が溜まり小さな池をつくる。

コラム　爆裂火口に注意

火山を歩いていると、登山地図やガイドブックに「爆裂火口」と書かれている場所に出くわす。南八ヶ岳の硫黄岳の北側の崖や、霧ヶ峰の最高峰の車山南側の弧を描いた急な崖は、爆裂火口とよばれることがある。しかし、これらの地形が爆裂火口である証拠はなく、そうよぶべきものでもない。

では、爆裂火口とは何であろうか。爆裂火口とは、爆発的な火山活動により山体の一部が吹き飛ばされてできた比較的大きな火口のことである。マグマや火山ガスで熱せられた水が爆発的に膨張して発生する「マグマ水蒸気噴火」や「水蒸気噴火」により形成された大型の火口を指す場合が多い。そのため、爆裂火口の周囲には、爆発的噴火によって吹き飛ばされた、山体を構成していた岩塊が大量に見つからなければいけない。しかし、硫黄岳や車山ではそのような噴出物は見つかっていない。そのため、これらの地形が爆裂火口である証拠はないのだ。

磐梯《ばんだい》山の北側に開いたU字型の崖も、爆裂火口とよばれることがある。しかし、この崖は1888年の山体崩壊によってつくられたもので、これもまた爆裂火口ではない。噴火発生直後しばらくの間、磐梯山の山体崩壊は、水蒸気噴火による爆発で山体が吹き飛んだ結果、発生したものだと考えられていた。しかし、現在は、多くの研究により水蒸気噴火によって山体が吹き飛んだわけではないことが判明している。

その他の火山でも、U字型の弧を描いた谷地形のみで爆裂火口としているケースが散見されるが、証拠が乏しいものが多い。

霧ヶ峰・美ヶ原

本当の高原をつくる火山

霧ヶ峰と美ヶ原はいずれも日本百名山に選ばれている火山だ。しかし、山というより高原だ。美ヶ原は、「登りついて不意にひらけた眼前の風景に／しばらくは世界の天井が抜けたかと思う」と尾崎喜八に『美ガ原熔岩台地』でうたわれ、霧ヶ峰は、深田久弥《ふかたきゅうや》が『日本百名山』で「妙な言い方だが、山には、登る山と遊ぶ山とがある。前者は、息を切らし汗を流し、ようやくその項上に辿り着いて快哉を叫ぶという風であり、後者は、歌でもうたいながら気ままに歩く。もちろん山だから登りはあるが、ただ一つの目標に固執しない。気持のいい場所があれば寝ころんで雲を眺め、わざと脇道へ入って迷ったりもする。当然それは豊かな地の起伏と広濶《こうかつ》な展望をもった高原状の山であらねばならない。霧ヶ峰はその代表的なものの一つである」と書いた。

ともに高い山の上に平坦でなだらかな地形が広がる高原らしい高原だ。このような景観が生まれた背景には、どちらも火山としての特性がある。

美ヶ原も霧ヶ峰も古い火山である。どのくらい古いかというと、美ヶ原の高原をつくっている溶岩は約160万〜130万年前に、霧ヶ峰をつくっている溶岩は約130万〜70万年前に流れたものだ。活火山は最近約1万年間に活動した火山であることを考えると、それらよりずっと前に活動を停止した古い火山であることがわかるだろう。そのため、美ヶ原も霧ヶ峰も、現在のなだらかな高原状の地形は火山噴火によって生まれたものではなく、浸食によるものではないかと考えられがちである。しかし、注意深く観察すると、溶岩が流れ固まってつくられた層が、現在の高原状の地形に沿っていることがわかる。特に霧ヶ峰の最高峰の車山の南の崖や、美ヶ原の王ヶ鼻の南の崖を観察すると、溶岩がつくる急な崖が現在の地形に沿って、帯状に伸びていることがわかるであろう（**図4－15**）。つまり、高原状の地形は基本的に、溶岩の流れによってつくられているのである。

このような平坦な地形は、通常は溶岩の粘り気が少ない玄武岩質《げんぶがん》溶岩を流す火山によってつくられる。ハワイ島にある4000m峰のマウナロア、マウナケア、活動的な火山として有名なキラウエアがその代表例である。これらの火山は、ローマの剣闘士などがもっている、緩やかな凸の弧を描いた円形の盾《たて》を伏せたような形をしていることから、「盾状火山」とよばれる。別の言い方をすれば、盾状火山とは、火山体の大部分が斜度10度程度以下の緩斜面で形成された火山のことである。

一方、ハワイ島のような盾状火山とは異なり、美ヶ原も霧ヶ峰も、安山岩《あんざんがん》・デイサイト質の比較

図4-15　霧ヶ峰車山の南の崖に露出する溶岩

的粘り気の強い溶岩でできている。粘り気の強い溶岩ではあるものの、比較的さらさらと流れたため、平たい火山となったのである。

なお、霧ヶ峰といえば、八島《やしま》湿原、車山、踊り場（池のくるみ）など広い湿原があることでも有名である。これら湿原が誕生したのは、火山活動が停止したずっと後の約1万3600年前以降のことであり、火山活動とは直接関係がない。しかし、湿原の規模が大きいのは、火山体がなだらかで、もともと平坦な地形があったこととも関係しているのかもしれない。

追分地溝

このような安山岩・デイサイト質の平たい火山は日本では珍しい。しかし、諏訪湖周辺の古い火山には、そのような性格が多く見られる。これらの火山は約２００万〜70万年前に活動した。そして、その火山噴出物は「塩嶺層《えんれい》」とよばれている。この時期に、諏訪湖の周囲で比較的粘り気の強い組成の溶岩が平たい火山をつくったメカニズムについては、まだよくわかっていない。しかし、そのヒントになりそうなことが、霧ヶ峰周辺で見つかっている。

霧ヶ峰の周辺を詳しく観察すると、不思議な地形に多く出くわす。霧ヶ峰の北の鷹山の南には急な崖がほぼ東西に伸び、一方、霧ヶ峰の南東の八ヶ峰にはそれに平行に崖が向き合っている（図4-7）。鷹山も八ヶ峰も火山であり、急な崖の反対側は緩やかな斜面をなしている。これらの急な崖は、断層によってつくられたと考えられている。つまり、鷹山も八ヶ峰も、断層活動によりその南側、北側が落ち込んで崖ができたため、片方が急崖で、もう片方が緩やかな尾根をなす非対称な形をした火山となっているのだ。このような断層によって落ち込んだ溝状の地形を、地質学では「地溝《ちこう》」とよぶ。ここの地溝は、「追分《おいわけ》地溝」と名づけられている。霧ヶ峰火山の溶岩の分布を見ると、追分地溝の中に流れ込み、その一部ははみ出している。つまり、霧ヶ峰火山は主に追分地溝の形成後につくられた火山なのである。

鷹山、八ヶ峰はそれぞれ約１３０万〜90万年前につくられた。また、地溝を埋める火山岩の年代を測定したところ、追分地溝は主に85万年前前後につくられたことがわかった。この地溝形成時期には周辺で活発な火山活動が発生して、溶岩などを流したことがわかっている。霧ヶ峰火山の北西側に隣接する、石器の原材料となった黒曜石で有名な和田峠流紋岩《りゅうもんがん》も、地溝の形成前後に流れ出た溶岩である。地溝は、大地が引っ張られることで割れ目に地面が落ち込んでできる。大地が引っ張られるようなときはマグマが出やすく、短時間に大量にマグマが出ることで、比較的さらさらな溶岩が流れ、平たい火山をつくったのかもしれない。

鉄平石

美ヶ原、霧ヶ峰火山を含む諏訪湖周辺の溶岩には、もう一つ面白い特徴がある。登山道を歩いていると、いたるところに厚さ2〜3cmで板状の平板な石がたくさん落ちていることに気づくだろう。板状に割れ目が入った溶岩が、割れ目に沿って外れて、登山道に散らばっているのだ。これは、通称「鉄平石《てっぺいせき》」とよばれている安山岩だ（図4-16、4-17）。

美ヶ原の西の端の王ヶ鼻は、西に北アルプス、足元に松本の市街地が望める展望の地だ。その南側の切り立った崖を見ると、まさに溶岩が水平に板状に割れている。このような溶岩の板状の割れ目は「板状節理《ばんじょうせつり》」とよばれる（図4-16）。

節理とは、岩石に比較的規則正しく入っている割れ目のことだ。溶岩の節理としては、材木や鉛

図4-16　鉄平石採掘場での板状節理。霧ヶ峰山麓

図4-17　割り出された鉄平石

図4-18　柱状節理。栃木県高原山スッカン沢薙刀岩

筆を並べたような柱状の割れ目が入る「柱状《ちゅうじょう》節理」が有名だ（図4－18）。柱状節理は、溶岩が冷えて固まるときに体積が減り、縮まることでつくられる節理である。立山黒部アルペンルートの富山側入り口付近にある「材木岩」は、立山（弥陀ヶ原）火山の溶岩にできた柱状節理だ。火山を歩いていると、このような柱状節理には頻繁にお目にかかれる。一方、板状節理も、柱状節理に負けないくらい規則正しく特徴的な節理である。しかし、この節理がどのようにしてできたかはまだよくわかっていない。板状節理のでき方には、いくつか異なる原因があるようだ。しかし、それをきちんと説明できた人はまだおらず、謎の割れ目なのである。美ヶ原や霧ヶ峰は、国内でも美しい板状節理が大規模に

発達し観察できることで有名である。

鉄平石は、現在でも飛び石に使われたり、道に敷き詰められたり、タイルのように門や塀に張られたりして利用されている。今では珍しくなったが、昔、諏訪や佐久地方では、屋根材としても多く使われた。霧ヶ峰の中腹には、今でもたくさんの鉄平石の砕石場があり、盛んに採掘されている（図4－17）。現在ではインドネシア産など外国産のものも入っているが、国産のほとんどが霧ヶ峰の麓からきている。町で見かけたら、霧ヶ峰や美ヶ原などの高原を思い出してほしい。

北アルプスの火山

火山のあるアルプス

日本列島の中央部にある飛驒、木曽、赤石山脈は、明治時代の近代登山黎明期から「日本アルプス」とよばれている。そのため、現在、それぞれの山脈は北、中央、南アルプスといったほうが通りはいい。その中で、飛驒山脈こと北アルプスは、豊富な残雪と岩峰がつらなることから、最もアルプスらしい景観をもつ。しかも、本場ヨーロッパアルプスにもない火山がある。同じ日本アルプスでも、南、中央アルプスには火山はない。南、中央アルプスの甲斐駒ヶ岳や鳳凰三山、木曽駒ヶ岳、空木《うつぎ》岳などはマグマが地下でゆっくり固まった花崗岩《かこうがん》でできている。しかし、火山はない。今でも活動的な火山があるのは北アルプスだけで、特に立山、焼岳、アカンダナ山、乗鞍岳、その南の御嶽山などは活火山だ。

北アルプスでは、山の中のあちこちで高温の温泉が湧いている。主な温泉だけでも、白馬《しろうま》岳周辺の蓮華《れんげ》や白馬鑓《はくばやり》温泉、黒部川沿いや劔《つるぎ》・立山周辺の黒薙《くろなぎ》、祖母《ばば》谷、阿曽原《あぞはら》、仙人、立山、地獄谷、

図4-19　北アルプスの主な火山と温泉、第四紀花崗岩

高天原《たかまがはら》の各温泉、高瀬川沿いの葛や湯俣温泉などがある。北アルプス南部から乗鞍岳にかけては、中房《なかぶさ》、新穂高、中尾、平湯、上高地、中の湯、坂巻、乗鞍高原、白骨温泉など数多くの温泉がある（図4－19）。そのほか、山中にひっそりと湧くものを含めると数はもっと増える。北アルプスに現在も多数の高温の温泉が湧く一番の要因は、今も火山活動が活発であるということだ。

温泉のもう一つの要因として、露出した花崗岩としては世界一、二を争うほど若い花崗岩があることもあげられる。世界一若い花崗岩は、黒部川花崗岩で、第二位は滝谷花崗岩だ（図4－19）。黒部川花崗岩は、黒部川の黒部ダムから下流、下ノ廊下付近に露出する花崗岩で、約90万年前に地下深くでつくられた。第二位の滝谷花崗岩は、槍ヶ岳から穂高岳の稜線の西側、ロッククライミングで有名な滝谷の下部に顔を出す、約160万年前につくられた花崗岩だ。

このような地下深くでつくられた花崗岩は、今、3000mほどの山を形成している。通常、花崗岩は、地下数kmから数十kmの深いところでゆっくり冷えてつくられる。そのため、それが地殻変動で地表に露出するようになるには、数百万年以上かかるのがふつうだ。わずか90万年前ごろにつくられた花崗岩が高く険しい山脈をつくっているのは、とんでもない速さで隆起して山がつくられたということだ。黒部川花崗岩に含まれる鉱物の年代の違いを利用して、どのくらいの速さで地表に到達したかを調べると、年間1～4cmの速さとなる。これは、ほぼ手の爪の伸びる速さと同じだ。

この速度を速いと感じるか遅いと感じるかは人それぞれだろうが、地殻変動の速度としては世界有数の速さである。

とんでもない速さで急速に上昇したため、露出した花崗岩の下のほうはまだ熱く柔らかく、もしかしたら固まっていない可能性もある。実際、地震波の通りやすさを解析すると、北アルプスの地下の比較的浅いところに、地震波が通りにくい部分が認められる。地下の温度が周囲よりも高いと地殻が柔らかくなり、地震波が通りにくくなる。北アルプス地下の地震波の通りにくい部分は、ちょうど若い花崗岩の地下か隣接しているような地域に分布している。そのため、若い花崗岩の下がまだ固まり切っていないと考えられるのだ。このような固まり切っていない花崗岩の熱も多くの温泉の基になっているのであろう。興味深いことに、下ノ廊下沿いに水力発電の工事のために掘られた高熱隧道《ずいどう》は、この黒部川花崗岩を貫いている。高温の地熱地帯を貫く工事の苦労は、吉村昭の『高熱隧道』に詳しく描かれているが、その高温の原因をつくったのも、地下で冷え切っていない黒部川花崗岩かもしれない。

火山活動とともに隆起する北アルプス

北アルプスの隆起は、そこで活発な火山活動が始まった時期とほぼ一致する。富山平野や松本盆地には、およそ300万年前ごろから、北アルプスから流れ出る河川によって運ばれた礫層が溜まるようになった。そのため、北アルプスがある程度の高さの山になったのは、およそ300万年前以降である。この礫層を詳しく観察すると、北アルプスの火山起源の噴出物がたくさん挟まっている。このことから、山の形成、隆起とともに、火山活動も活発になったことがわかった。特に最近100万年間は、地下深くの花崗岩がすぐに顔を出すくらい非常に速く山は高くなったようだ。

しかし、不思議なことに、北アルプスの山麓には、山を隆起させるような活発な断層は認められない。山麓にある活発な活断層である糸魚川《いといがわ》－静岡構造線活断層系は、北アルプス側を低下させるような、西側を低くするような動きでずれている（図4－20）。2014年11月22日に白馬村・小《お》谷《たり》村で発生した神城《かみしろ》断層地震のときの断層の動きも、北アルプス側を低下させ、断層の東側、北アルプスと反対側を上昇させるような動きだった。なお、神城断層は、糸魚川－静岡構造線活断層系を構成する活断層の一つである。このように、山麓にある断層は、北アルプスの隆起には寄与していないのだ。北アルプスは、活発な火山活動を伴いながら隆起していることもあわせて考えると、活発な火山活動の熱で柔らかくなった地殻が強く押されることで曲がり、変形することで高くなったと推定されるのである。

このような火山活動の熱で地殻が変形しやすくなっている現象は、他の地域でも認められる。

図4-20　白馬村塩島城山に出現した地震断層。矢印が地表に現れた断層（矢印の間）。写真右側（東側）の地盤が上昇して田んぼが変形している。北アルプスは左側（西側）にある

2011年3月11日の東日本大震災の地震で、東日本は東に強く引っ張られた。このときの地殻変動を詳しく調べると、火山のある周辺だけ周囲より少し低くなった（沈降した）ことがわかった。これは、火山の周辺がその熱で柔らかくなって変形しやすいことから、そこがより変形して沈降したものと考えられている。また、東北地方の背骨をつくる脊梁山脈は、基本的に東西に地殻が押された結果、つくられた断層により隆起した山脈だ。しかし、山脈上に火山がある場所の山麓は断層が少ない。これもまた、火山の熱によって地殻が変形しやすく、その場所はバリっと地殻が割れてできる断層にならず、ふにゃっと曲がって山脈がつくられたと考えられている。火山は噴火によって山をつくるだけでなく、その熱で地殻を柔らかくして変形しやすくし、そこが変形

することで、山脈をつくることがあるのだ。

北アルプスでは、地殻を柔らかくするのは、先に紹介した黒部川花崗岩や滝谷花崗岩などの若い花崗岩の働きも重要であったのだろう。

このように、北アルプスの隆起の原動力や、いつから隆起して高い山となったのかについてはだいぶわかってきた。しかし、具体的に、山脈のどの部分が、いつどのように変形し、隆起してきたかについては十分明らかになっていない。深い山の中なので、細かい精緻な調査が進んでいないためである。

多段階に成長する火山

北アルプスの火山にはほかにも特徴がある。隆起が速いため、よく削られ、中が観察できることである。一般に火山は次々と若い噴出物が出てくるため、活動の初めのころの噴出物は、新しいものに埋められて観察できなくなる。一方、北アルプスの火山はよく削られているため、若い火山でもどこかに最初のほうの活動の痕跡が観察できることが多い。また、なぜか、北アルプスの火山は、ずっと同じ場所で活動するのではなく、火口が移動して連峰をつくることが多い。そのため、古い火山噴出物に埋められないことから、誕生から現在までの火山活動の歴史全体が他地域の火山より

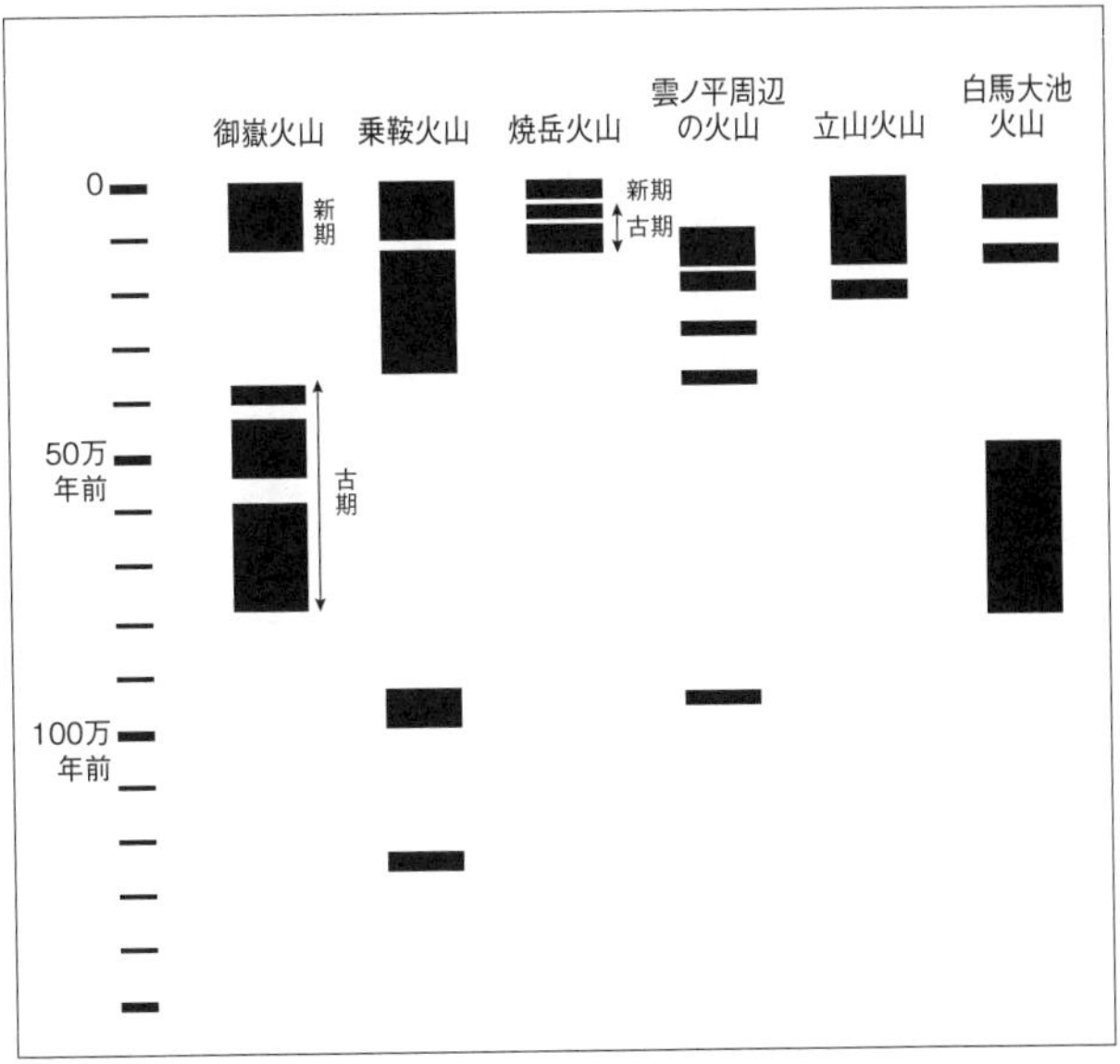

図4-21　北アルプス（御嶽山を含む）の主な火山活動の時期

わかりやすい。

北アルプスの火山の活動時期を丁寧に調べていくと、いずれの火山も、数万年から数十万年間の活動した後、同じくらいの期間の休止期を挟んで、再び活動を繰り返すことがわかった（図4－21）。つまり、休みながら複数回活動し、多段階的に火山が成長していたのである。このような活動をしている火山は、北アルプスの火山以外でもいくつか認められている。そのため、北アルプスの火山に限らず、多くの火山は、休み休み多段階的に成長して、現在の姿になったと考えられる。

御嶽山も含む北アルプス周辺の火山で

は、およそ250万年前ごろから、現在に続く活動が始まった。約150万〜80万年前には、火山活動の低調な時期があったが、80万年前以降は、現在も活動を続けている火山が断続的に活動しながら成長した。そこで、次に、御嶽山と焼岳を除く、火山地形の残っている最近80万年間に活動した北アルプスの火山について簡単に紹介しておこう。

白馬大池火山

長い雪渓歩きと高山植物で有名な白馬岳の近くにも火山がある。栂池《つがいけ》高原スキー場あたりから北側の風吹岳《かざふき》にかけて広がる山域は、「白馬大池火山」と名づけられている火山だ。栂池ロープウェイの終点、栂池自然園から白馬岳に登る登山路沿いにある標高2469mの白馬乗鞍岳（図4-19）は、この火山の最高峰だ。栂池のロープウェイ側から登ると、天狗原から白馬乗鞍岳の山頂にかけて、数十cmから1m程度の岩がゴロゴロところがっている。山頂周辺は平坦な地形をつくるが、これらの岩はみな溶岩である。

白馬乗鞍岳から登山道をさらに白馬岳方面へ進むと、標高約2380mに位置する白馬大池に着く。池の西側は、恐竜がいた中生代の砂岩・泥岩と約350万年前に貫入した花崗岩でつくられている。池の東側の乗鞍岳は、約17万年前に流れ出た溶岩でつくられており、桁違いに若い。白馬大

図4-22　風吹大池と風吹岳（右の峰）

池は、その溶岩とその基盤の間の窪地に水が溜まったできた高山湖だ。面積はおよそ6万1500㎡（平米）、深さ13・5mだ。高山帯にある湖としては日本で一番大きい。

白馬大池火山そのものは、もっと古い時代から活動している（**図4－21**）。最初の活動は、約80万～70万年前ごろに東側の稗田《ひえだ》山付近で起きた。その後の約60万～50万年前に、白馬乗鞍岳、蓮華温泉、風吹大池周辺の広い範囲に溶岩を流し、火山体を形成した。これらの活動後、しばらくは活動を休止していたが、約17万年前に、天狗原から上部の現在の白馬乗鞍岳山頂をつくる溶岩が流れ出た。

白馬大池火山の最後の活動期は、約7万年前から始まる。この時期の活動は、火山体の北西部の風吹岳やその西側にある風吹大池（**図4－22**）周辺に限られる。風吹大池は、標高約1775mの亜高山帯にある、火山体内の窪地につくられた湖で、白馬大池よりやや大きい。風吹大池の周りや風吹岳には、浸食を受けていない火口地形が認められる。いくつかの火口には水が溜まり、小敷《こしき》池、科鉢《しなはち》池などの名前がついている。これら火口はここ1万年間に活動した疑いがもたれており、まだいつ活動したのかはよくわかっていない。風吹岳は活火山かもしれない。

なお、この火山の稗田山では、1911（明治44）年8月8日に「稗田山崩れ」と名づけられた大崩壊が発生した。この崩壊で崩れた土砂は、山麓の姫川をせき止め、川沿いの集落に、死者行方不明者23名もの被害を及ぼした。明治の文豪幸田露伴の娘、幸田文が全国の崩壊地をめぐった紀行文『崩れ』でも取り上げられている著名な土砂災害である。

立山（弥陀ヶ原）火山

雄山《おやま》、大汝山《おおなんじ》、富士《ふじ》ノ折立《おりたて》の峰々からなる立山。その麓の室堂や南の五色ヶ原は火山噴出物でできている。その火山噴出物を噴出したのが、立山火山だ。立山火山という名称は古くから使われているが、立山の山頂をつくるのは火山噴出物ではない。そのため、この火山は、室堂から西の平坦地の地名、弥陀ヶ原をとって「弥陀ヶ原火山」ともよばれ、気象庁などはその名前を採用している。しかし、本書では古くから使われている立山火山の名前を使おう。

立山火山も複数回の活動期を経て成長した火山だ（**図4-21**）。大きく5回、約22万〜20万年前、約15万〜10万年前、約10万年前、約9万〜4万年前、4万年前から現在までの活動時期に分けられる。このうち、15万〜10万年前と、約10万年前の活動で立山火山の原型はほぼつくられた。立山と薬師岳の間にある五色ヶ原も、このときの活動で流れ出た溶岩と火砕流堆積物によってつくられた台地だ。

ここ4万年間は、マグマを噴出するような活動はなく、水蒸気噴火のみ発生している。特にここ1万年間の活動は、室堂の北の活発な噴気地帯である地獄谷が中心だ。その中で水蒸気噴火を繰り返しているため、立山火山は活火山に認定されている。地獄谷は、古くから噴気活動が活発なことで有名だ。噴気活動が活発な地域はしばしば「地獄」になぞらえられる。立山火山の地獄谷も平安時代から京の都に一番近い地獄として、多くの都人が訪れたそうだ。このような「地獄」は、噴火がなくても高濃度の火山ガスが噴出している。特に立山の地獄谷では、ガス中毒による死亡事故がたびたび発生している。噴火だけでなく、火山ガスによる事故も注意すべき火山である。ちなみに、地獄谷で発生した最新の噴火は、江戸時代末期の1836年である。

立山火山の特徴は、この地獄谷と浸食カルデラだ（**図4-23**）。カルデラとは、火山活動でできた大きな凹地を指す言葉だ。マグマが大量に噴き出すことで形成される直径2km以上の凹地地形のことで、多くの場合、大規模な噴火を伴ってつくられる。しかし、立山火山にあるカルデラは火山

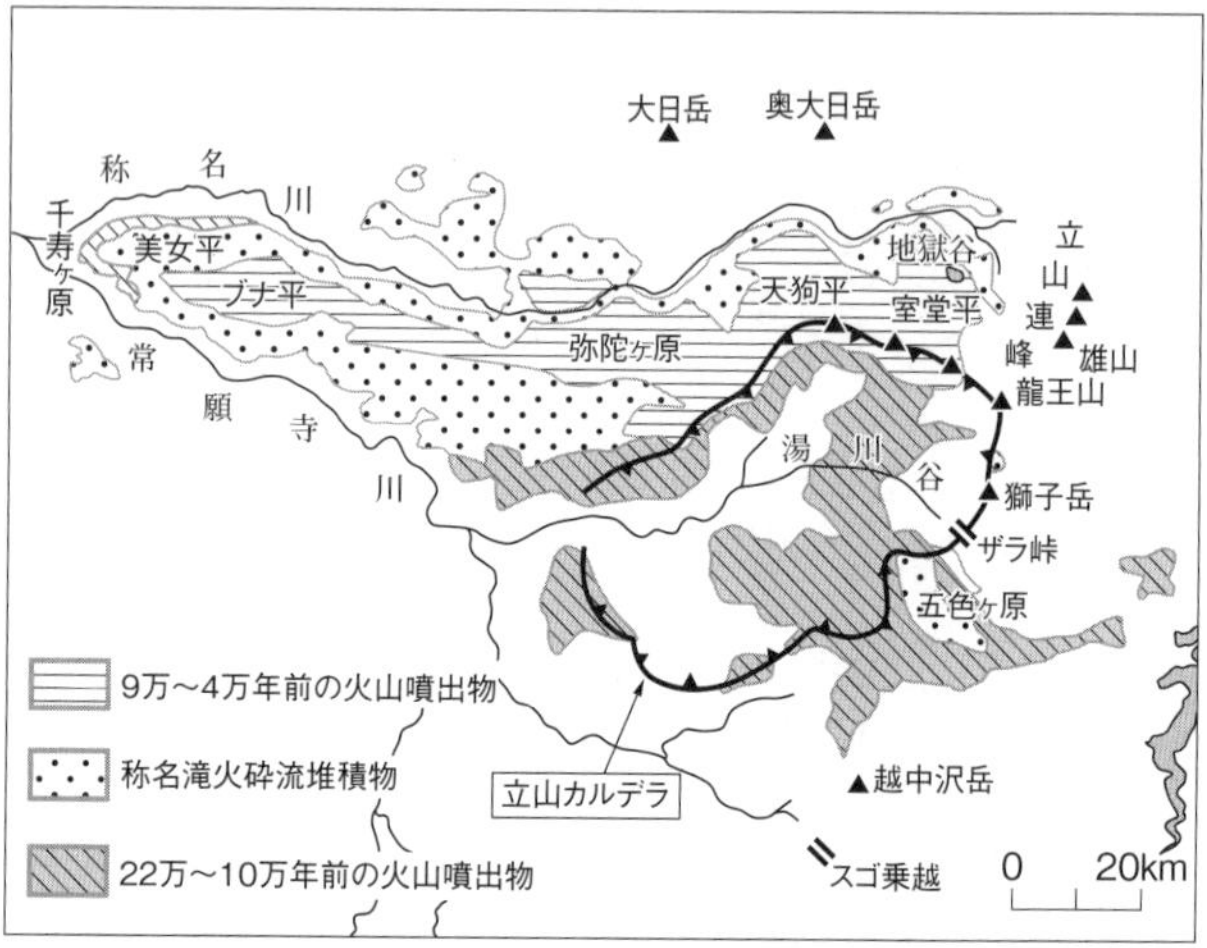

図4-23　立山火山と「立山カルデラ」

活動ではなく浸食によってつくられたカルデラ状の地形だ。このような浸食によってつくられたカルデラ状の凹地地形は、火山活動でつくられたものではないため、区別して「浸食カルデラ」とよばれる。立山火山の浸食カルデラは、通称「立山カルデラ」とよばれており、室堂や弥陀ヶ原の南側の窪地のことだ。その底には、立山黒部アルペンルートの開通前まで立山温泉があった。立山温泉は、以前は立山登山の西側の基地であったため、日本アルプスを海外に紹介したイギリスの外交官のアーネスト・サトウや、牧師のウォルター・ウエストンも滞在したことがある。

　この凹地内では、江戸時代末の１８５８（安政五）年４月９日に発生したＭ７クラスの飛越《ひえつ》地震により大崩壊が発生した。この大崩壊は、「鳶山《とんびやま》崩れ」ともよばれ、崩壊量は４・１億㎥と、日本の有史上、最大クラスの崩壊であった。その土砂は、当時の立山温泉も埋め、常願寺川の上流をせき止め、湖をつくり、それが決壊した。そのため、下流の富山平野に大規模な土砂災害も引き起こし、現在の富山駅付近にも大きな被害を及ぼした。このような崩壊がたびたび起こることで、立山カルデラは成長していったのだろう。

白馬大池火山の項でも稗田山崩れの紹介をしたが、火山は崩れやすく、大崩壊を起こすこともある。なお、この飛越地震による崩壊の影響は現在も残り、不安定な土砂が急峻な山岳地と渓谷沿いに残されたため、地震後もたびたび土砂災害が発生している。そのため、国直轄の砂防事業が、現在もこの浸食カルデラ内で続いている。

立山火山では約10万年前の活動期に大規模な噴火活動があったが、火山の形成史からは、現在の立山カルデラの地形は、それによってつくられたわけではないと考えられている。立山黒部アルペンルートの西側の入り口近くにかかり、常時水が流れている滝としては日本一の落差を誇る称名《しょうみょう》滝も、この約10万年前の大噴火で流れ出た火砕流堆積物がつくった崖にかかっている。この噴火により、東側の大町市には１ｍほどの厚さで軽石が積もった。このような大きな噴火なので、このときに小さな陥没カルデラがつくられた可能性はある。しかし、現在の立山カルデラの形は、主にその後の崩壊や浸食によってつくられており、浸食カルデラであると考えられている。

上ノ廊下から雲ノ平周辺の火山

北アルプスのど真ん中、黒部川の上流にもいくつかの小火山がある（図4－24）。薬師岳の北側にあるスゴ乗越《のっこし》には、20数万年前ごろに活動したその名も「スゴ乗越火山」という小火山がある。黒部川の上ノ廊下の右岸側にも、約30万～20万年前に活動した小火山群がある。このうち、雲ノ平周辺にはまとまって小さな火山があり、それぞれ岩苔小谷《いわごけこたに》火山、雲ノ平火山、鷲羽《わしば》池火山と名づけられている。

山奥にもかかわらず、平たく広い雲ノ平（図4－25）の高原は、火山噴火によって流れ出た溶岩によってつくられた台地だ。立山の項で紹介した五色ヶ原にせよ、雲ノ平にせよ、谷も深い山奥に広く平坦な高原をつくっている。このような高原は、日本アルプスでは北アルプスにしかないが、これもまた火山があるためである。

雲ノ平火山は、約30万年前に活動を開始したが、台地をつくる祖父《じい》岳と雲ノ平をつくった溶岩は、それぞれ約16万年前と約10万年前の活動によって流れ出た。雲ノ平より祖父岳のほうが、その名のとおり、少し歳をくっているのだが、偶然の一致だろうか。

雲ノ平火山の初期の活動で流れ出た約30万年前の溶岩は、台地をつくる溶岩の下の厚い礫層、雲ノ平礫層の中に挟まれている。その礫層の上に雲ノ平の台地をつくる溶岩が重なっている。雲ノ平

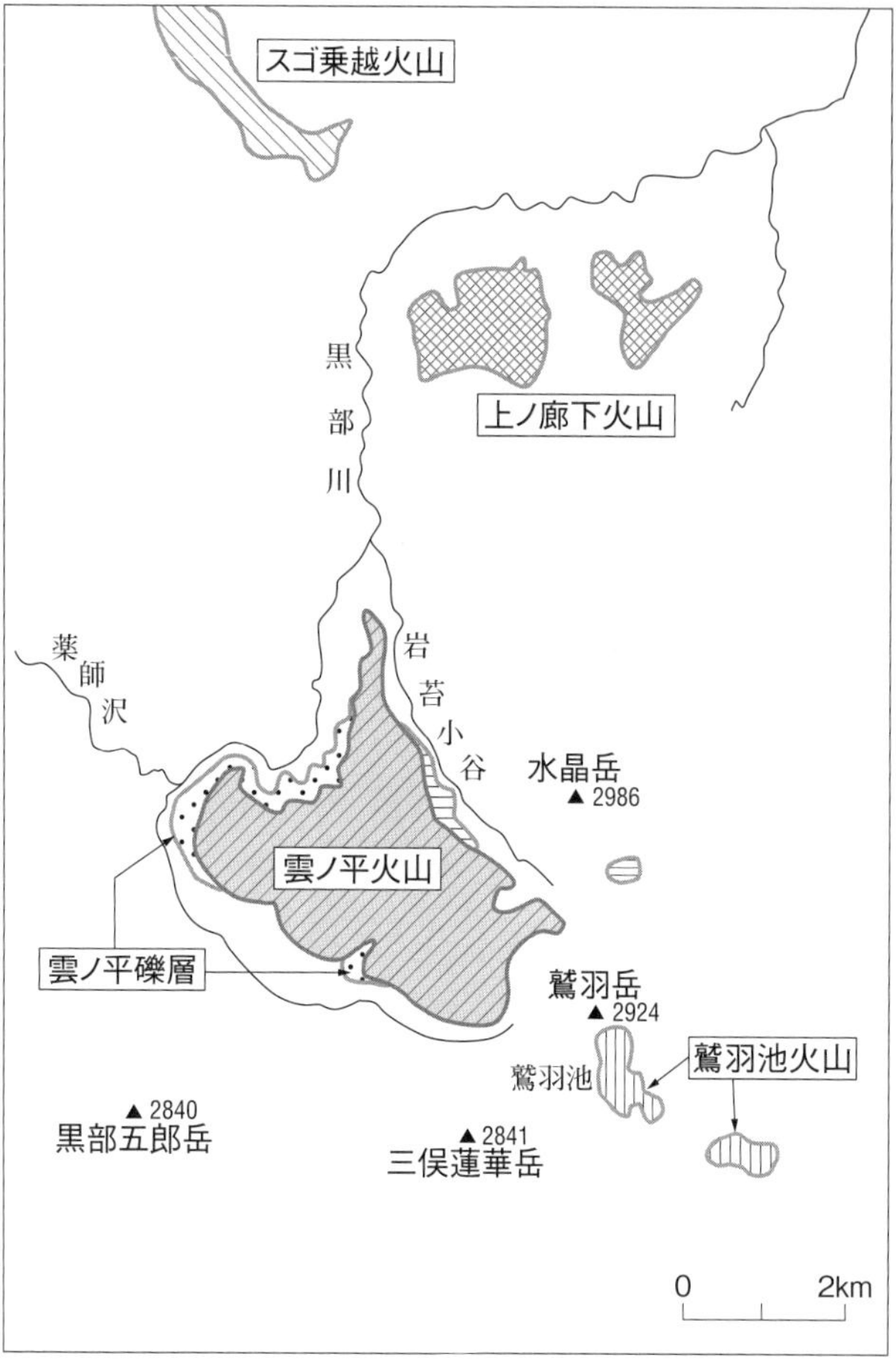

図4-24　上ノ廊下、雲ノ平周辺の火山

図4-25　雲ノ平

礫層は、おそらく下流のスゴ乗越火山や上ノ廊下周辺の火山の活動によって、黒部川がたびたびせき止められることで、川の最上流部にもかかわらず、厚く礫層が堆積したのだろう。そのような礫層の上に流れた溶岩によって、雲ノ平の高原はつくられているのである。

雲ノ平の隣、日本百名山でもある鷲羽岳は花崗岩でできた山だ。しかし、山頂のすぐ脇にある鷲羽池は火口湖であり、その火口から東に、高瀬川の上流まで溶岩が流れ出ている。この溶岩は約12万年前のものであるが、鷲羽池をつくる火口は浸食を受けておらず、大変若そうな地形をしている。しかも、この火口は鷲羽岳にある氷河地形の一部を壊してつくられている。最近はいくつかの雪渓が氷河と認定されているが、北アルプスで氷河によって削られたはっきりとした地形がつくられたのは、約1万2000年前までと考えられている。そのため、鷲羽池火山の活動はそれより若い可能性がある。もしかしたら、１万年前より新しいときに活動した活火山かもしれない。

鷲羽池の火口から流れ出た溶岩が行き着く先である、高瀬川の上流には、硫黄沢という現在も活発な噴気地帯がある。そこでは、90℃を超える高温の温泉が大量に湧いており、そこから下流の高瀬川は酸性になっているほどである。そのため、硫黄沢の流れ込んだ場所より下流では、イワナは住むことができない。なお、不思議なことにそれより上流にはイワナが住んでいる。

硫黄沢の地熱活動は活発で、天気のいい日には、噴気が立ち上っている様子が遠目でも見えることがあるそうだ。このような活発な地熱地帯が近くにあることからも、鷲羽池火山は活火山である可能性がある。今後研究が必要だ。

乗鞍火山

乗鞍岳は大きな山だ（図４－26）。しかも火山である。最高峰の剣ヶ峰（３０２６ｍ）を南端に、北の四ッ岳（２７４５ｍ）まで南北４・６㎞の高く長い稜線をもち、山麓は飛騨と信州にまたがっている。東麓の長野県側の乗鞍高原は、この火山から流れ出た溶岩の上にある。ただ、火山としての背は意外に低い。乗鞍火山下の基盤岩は標高２０００ｍ程度まで分布しており、火山としては

１０００m程度の高さしかない。なお、日本で３０００mを超える標高の火山は、富士山、御嶽山、乗鞍岳のみである。

この火山の歴史は長く複雑で、現在も活動を続ける活火山だ。約１２８万〜１２５万年前ごろに活動を開始し、その火山の上に、約92万〜86万年前、約32万〜12万年前、約10万年前から現在に活動した火山が積み重なってできた（図４－21）。最初の活動からなんと60万年もの休みを挟んで、再び成長した火山なのである。現在の稜線をつくる峰々は、32万年前以降の活動でつくられ、そのうち、北の四ツ岳は約４万年前に、畳平の北の恵比寿岳は約２万年前に活動した。

最高峰の剣ヶ峰（３０２６m）の西にある

図4-26　高山から望んだ乗鞍岳

権現池は、火口の中につくられた湖である。ここ1万年間の火山活動は、この権現池周辺のみで発生している。権現池周辺の剣ヶ峰などの高まりは、ここ1万年間に流れ出た溶岩などでつくられた山だ。

ここ1万年間の噴火活動では、溶岩だけでなく、発泡したスコリアや火山弾なども放出するような噴火もあった。肩ノ小屋から剣ヶ峰に登る途中の登山道でそれらが観察でき、特徴的なパン皮状火山弾がたくさん転がっている（図2-8）。また、これら火山弾などの噴出後、権現池のすぐ西側から、乗鞍火山での最新の溶岩である岩坪谷溶岩が流れ出て、山腹を流れくだっている。

乗鞍火山の最新の噴火は、最近までよくわかっていなかった。しかし、乗鞍岳火山防災協議会が避難計画をつくるにあたって2016年度に行った調査などで、詳細がわかりつつある。その調査により、乗鞍火山の最新の活動は約500年前の水蒸気噴火であることがわかった。500年前というと、だいぶ昔と思われるかもしれない。しかし、何万、何十万年という一生をもつ火山にとってはごく短い時間である。残念ながら、この噴火の記録は見つかっていないが、面白い記録が残っている。江戸時代の18世紀後半から19世紀前半に飛騨の代官がまとめた『飛州志』という地理書によれば、ライチョウを捕まえに乗鞍岳に登った役人が、山頂付近で火山ガスにまかれて逃げ帰ったというのだ。今の乗鞍岳では、かつて北側の湯川沿いに温泉湧出に伴う火山ガスの噴出があった程度で、山頂付近では火山ガスの噴出や噴気活動などはまったくない。今は、山頂付近では活火山らしい現象は実感できないが、わずか２００年ほど前の乗鞍岳は、山頂で火山ガスを噴出するような噴気活動があり、だいぶ様子が異なったようだ。

焼岳

上高地を生んだ焼岳

日本を代表するといってよい山岳景勝地である上高地の誕生は、焼岳の活動と深く関係している。地図を見ると狭く深い梓川《あずさ》のつくる渓谷は、焼岳の麓から上流では開け、広く平坦な谷底をつくっているのがよくわかる（**図4－27**）。今は釜トンネルの上にさらにトンネルがつくられ印象が薄れたが、昔の釜トンネルを抜けたところの上高地の入り口は深い渓谷をなしている。オールドクライマーは、釜トンネルを出ると渓谷の出口に大きな堰堤《えんてい》、釜ヶ淵堰堤があり、その後ろに門番のように焼岳がそびえているのを覚えているだろう。そこを過ぎると突如として谷が開け、大正池の向こうに穂高連峰が望める。深い山奥に突然広々とした平坦な地形が広がり、そこに流れる川の向こうに３０００ｍ級の山がそびえる景観は、多くの人を魅了させる。この上高地の入り口にある焼岳は今でも噴煙を上げる活火山である。その活動によりたびたび梓川をせき止めることで、その上流に土砂が溜まり上高地の平坦地をつくっているのである。

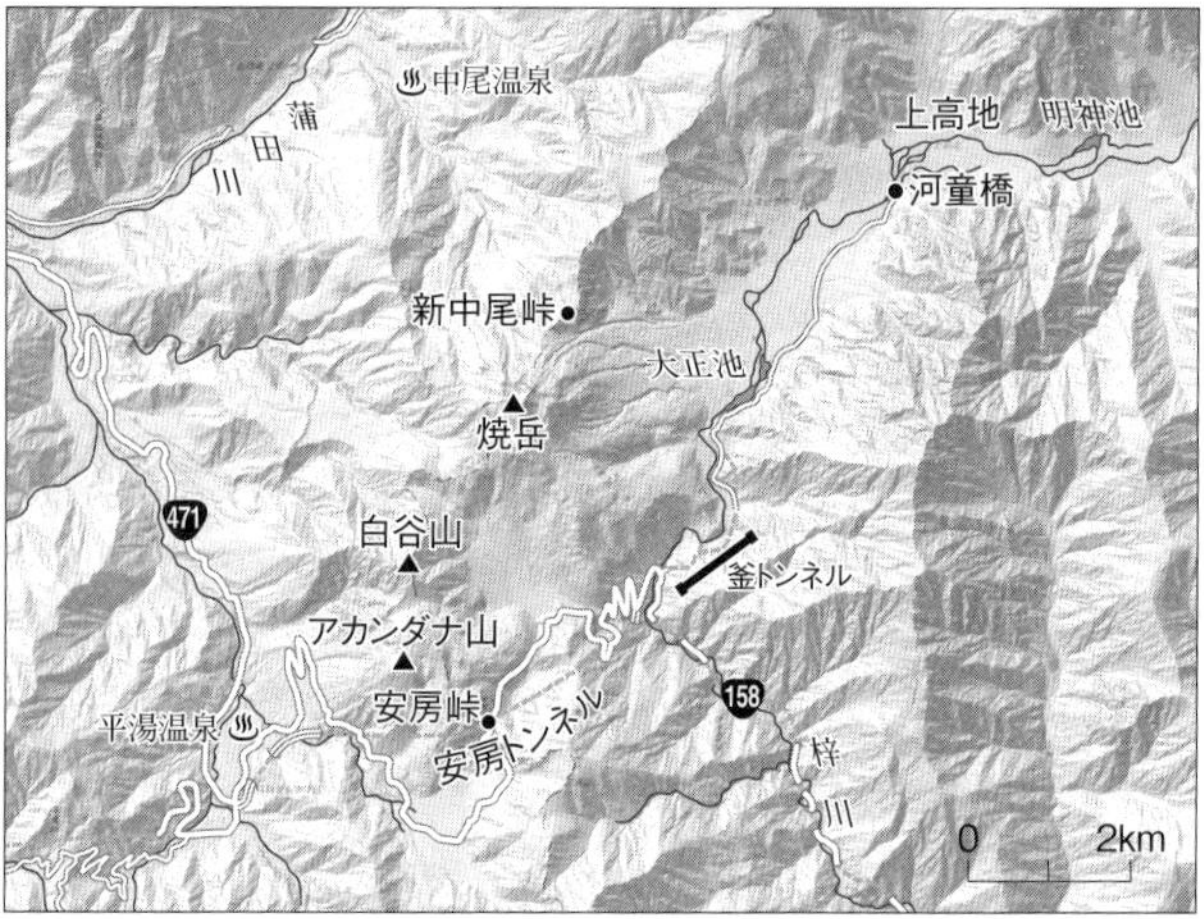

図4-27　焼岳から上高地周辺の陰影図（地理院地図に加筆）

梓川の変遷

焼岳の活動は上高地をつくっただけではない。焼岳の活動によってかつて西側に流れていた梓川の上流部が東側に流れるようになったのだ（図4－28）。

東側の松本側から上高地に入る道は、梓川沿いの深い峡谷沿いに伸びている。その道は駐車場のある沢渡《さわんど》を通り過ぎると一段と深い渓谷となり、梓川の流れもだんだん急になる。しかし、上高地の入り口の釜トンネルを過ぎると突然谷が開け、梓川の流れも緩やかな上高地に到着する。通常、大局的には川は上流にいくにつれて傾斜を増し、源流に至る。谷の途中に急流があるのは、そうなる理由があったということだ。

川の途中で流れが急になるのは、硬い岩石がそ

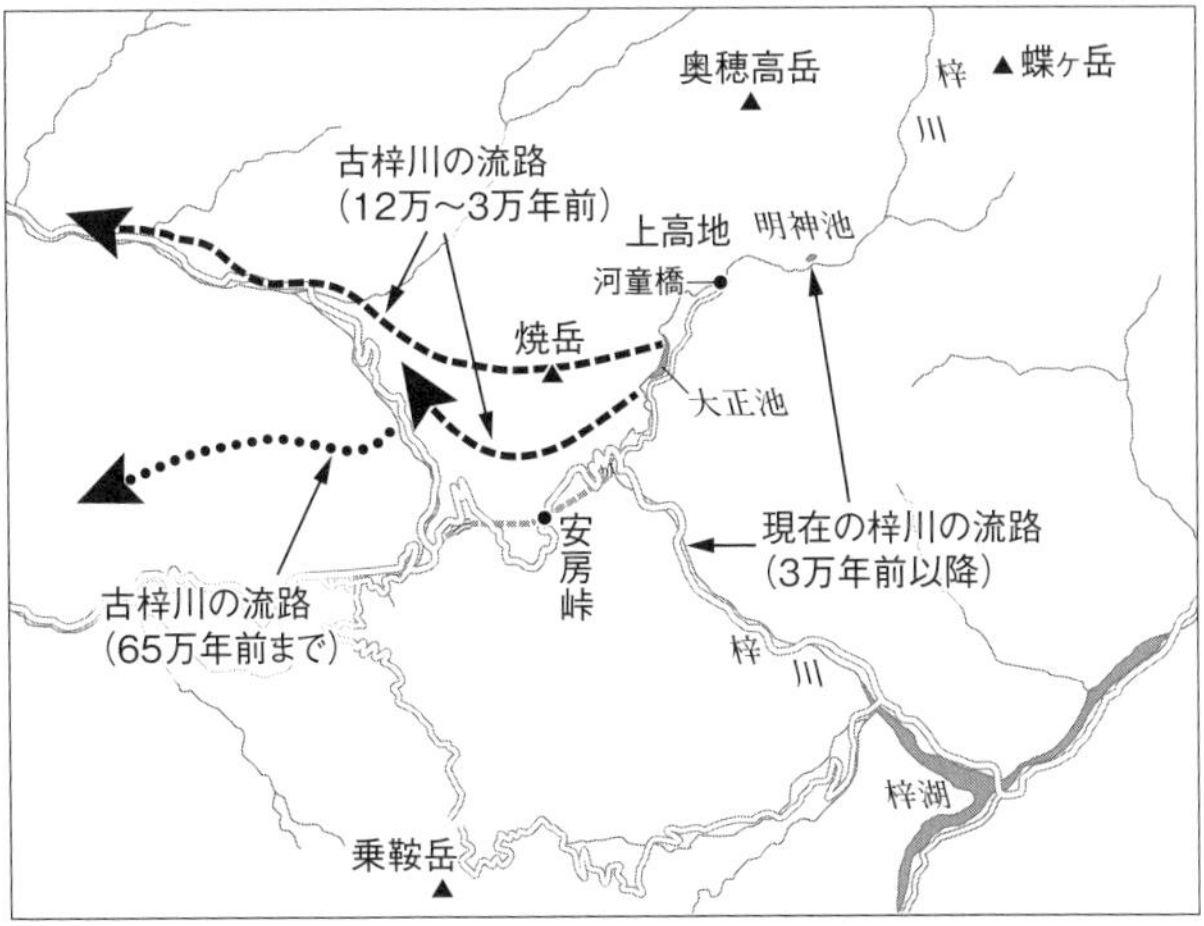

図4-28　古梓川上流部の流路変遷

こにある場合もあるが、梓川については同じ地質体なので、それは当てはまらない。このような場合、流れの途中で急流が生まれるのは、川の上流部が隣接した河川に付け替えられた結果であることが多い。梓川の流れは、まさにそのような結果生まれたと、明治のころから考えられていた。最近、焼岳の火山活動とあわせて、さらにその具体像が明らかになってきた。

上高地周辺は断続的に火山活動が続いている地域である。初期の活動は最も活発で、約１７０万年前ごろに大きなカルデラを形成し、そのカルデラを埋めた噴出物が隆起して削られてつくられたのが、現在の槍・穂高連峰である。そのとき、すでに梓川に相当する川があったかはわからないが、現在の梓川の上流は、少なくとも約65万年前の少し前には西側の高山方面に流れ込んでいた。そのころの川によってつくられた地層が、高山の周辺や、焼岳の西側で観察できるのだが、その地層に梓川の上流部に分布する岩石が礫となって含まれていることから過去の川の流れがわかる。

その流れは約65万年前に、焼岳の西、福地《ふくじ》温泉付近にあった火山が大噴火を起こしたことで、向きを変えられた。そのときの大噴火は、大きな谷を火砕流で埋め尽くすような噴火で、今は埋め尽くされて平坦になった部分が台地となっている。その火砕流堆積物がつくる台地は焼岳の西から高山付近まで広く認められる。この大噴火の噴出物は、それだけでなく関東平野にも10cm以上の厚さで火山灰を降らし堆積させるような巨大なものであった。

その後、いつごろかはわからないが、梓川の上流は今の神通《じんつう》川方面に流れるようになったようである。焼岳の西麓の約12万年前に噴出した大棚《おおだな》溶岩の上下には、現在の上高地周辺に分布する花崗岩を礫として含む地層が残されている。そのため、少なくとも12万年前は梓川の上流部は西側に流れ、おそらく現在の神通川に流れ込んでいたと考えられる。

この後、焼岳などの活動で梓川の上流が付け変わったようであるが、正確な時期はいまだ不明である。しかし、約1万3000年前の焼岳起源の火砕流によってつくられた地層が、釜トンネルの松本側入口の谷底付近に残されていることから、それ以前に上高地周辺の梓川が東側に流れるようになったことは間違いない。

松本盆地に流れ込む梓川沿いには何段もの段丘が認められるが、約5万年前ごろまでに形成された古い段丘には上高地周辺の岩石でつくられている礫が含まれていない。上高地周辺に分布する岩石が礫として含まれるのは約3万年前以降に形成された段丘をつくる地層であるので、それ以降に梓川の上流部が東側の松本側に流れるようになったと考えられる。

焼岳火山の周辺には、割谷山《わるだに》、大棚、白谷山《しらたに》、アカンダナ山など、いくつかの小火山が密集しており、それらはまとめて焼岳火山群とよばれている。この焼岳火山群の活動は、約13万〜7万年前に活動した古期と約3万年前以新に活動した新期に大きく分けられる（**図4-21**）。焼岳、白谷山、アカンダナ山などの新期火山の活動開始と礫層の堆積した時期などが一致することから、新期焼岳火山群の活動開始によって梓川上流部が現在のように東側に流れるようになった可能性は高い。

なお、焼岳火山群が活動を開始して最初のころ、富山平野まで達するような大規模な火山泥流が発生した。この火山泥流が運んだ土砂によって神通川沿いに大規模な段丘が形成されている。運んだ土砂が多量であることから、火山泥流の発生は多量の水が必要と考えられる。焼岳火山群の活動により、現在の上高地付近に巨大な湖が形成され、それが決壊することで発生したと考えられる。

沢渡から上高地までの梓川沿いの渓谷は深く、山腹は急峻な斜面を形成するが、山腹には段丘状の平坦面がところどころある。このような平坦面は、かつてその高さに梓川が流れていた証拠である。また、河川が蛇行しながら山地を浸食したような地形も残る。これらの地形は、約３万年前ごろに、上高地より上流の梓川が東に流れるようになった結果、川の流量が増して浸食が進み、深い谷が刻まれて、かつての梓川の流れがとり残されて生まれた地形かもしれない。

なお、信州大学が大正池近くで掘削した上高地学術ボーリングによると、炭素14年代測定法の年代値で約１万２０００年前から湖がつくられたことがわかった。この年代値を、我々が使っている太陽の周りを地球が一周するのを１年とする暦年代に換算すると、約１万４０００年前となる。また、この湖に堆積した砂泥の上のほうには、南九州の屋久島の南にある鬼界《きかい》カルデラの約７３００年前の噴火による鬼界－アカホヤ火山灰が挟まることから、そのころまで湖が存在したことも判明した。つまり、１万４０００～７３００年前のおよそ７０００年間、上高地は湖であったということだ。ボーリング調査の結果によると、その後しばらく上高地は、現在と変わらない河原であったようだが、約４７００年前ごろに再び湖となったようだ。

このボーリング調査で明らかにされた二つの時期につくられた湖は、焼岳火山群の活動史とあわせて考えると、前半は白谷山火山が活発に活動した時期、後半は焼岳火山の下堀沢溶岩の活動時期と一致する。そのため、これらの活動により梓川がせき止められてつくられた可能性が高い。実際、旧釜トンネル出口付近の梓川沿いでは、下堀沢溶岩が梓川の昔の谷を埋めてせき止めた断面が観察できる。なお、前半の湖をつくった白谷山火山の火砕流は、西側で川を埋めて段丘をつくるとともに、水とまじり大規模な火山泥流となって高原川《たかはら》・神通川沿いに流れくだった。そのときの堆積物は台地をつくり、素粒子の一種であるニュートリノの観測所があることで有名な岐阜県飛騨市の神岡の街がのる段丘となっている。

このように、焼岳の活動による度重なるせき止めにより、上高地には山の中にもかかわらず広い平坦地がつくられている。上高地のシンボルともいえるケショウヤナギ（化粧柳）はこのような地形的環境が長く続いたことによって生き残ってきたのだ。ケショウヤナギは、穂高連峰などに氷河がかかっていた氷期の植物の生き残りで、日本では上高地のほか、北海道の日高地域などにわずかに生息しているにすぎない。ケショウヤナギは標高が高く寒冷で、山の上部に広い河原がある、上高地の地形によって生き残っているのである。

今だって氷河期

実は、今も氷河期だ。地球上に氷河が存在した時期は、長い地球の歴史をさかのぼると短い期間しかない。そのため258万8000年前から始まる第四紀とよばれる最新の地質時代は、氷河が存在することで特徴づけられている。この第四紀になると、南極や北極の極地域には常に氷河が存在するようになる。しかし常に寒冷な気候が続くのでなく、比較的暖かい時期（間氷期）と寒い時期（氷期）を繰り返すようになる。寒い氷期の時期は、極地域以外の高緯度地域や高山にも氷河が広がり、地球上の広い範囲が氷河で覆われるようになる。現在は、暖かい時期にあたり、それは約1万1700年前から始まった完新世《かんしんせい》で間氷期にあたる。それ以前は最終氷期とよばれる寒冷な時期で、日本アルプスや北海道の日高山脈の高峰には氷河が存在した。

そのような寒冷な気候で生息していた動植物が、高山植物やケショウヤナギ、ライチョウなどである。氷期には、日本でも今より低い標高でそれら動植物が生息していたが、氷期が終わり暖かくなるにつれ、それらは冷涼な高山にのみ生活するようになったのだ。

上高地にしか生き残れなかったケショウヤナギ

河童橋の周辺などの梓川沿いには、ケショウヤナギの大木が見られ、上高地のシンボルとなっている。上高地の地形や植生などの環境を調査している上高地自然研究会という大学の先生などの研究者がつくる研究会があるが、その研究会の成果によると、最終氷期以降も、上高地のような地形環境、寒冷な標高の高い地域で広い河畔林が保たれ続けたため、ケショウヤナギは生き残ったと考えられている。

ケショウヤナギは河畔林などの明るい環境を好む樹木である。森林が破壊されると、最初は明るい環境を好む樹木で林がつくられる。しかし、100年から数百年程度の時が経つにつれ木々がしげり林床が暗くなることで、だんだん暗い環境でも生育できる樹木主体の林になる。このような林は極相林とよばれ、この状態になると林を構成する樹木はあまり変化しない。

ケショウヤナギは明るいところを好む樹木であるため、その場の環境が大きく変わらなければ、その周囲はやがて生息できないような林となる。しかしながら、川辺のように洪水のたびに川が流れを変えていく場所では、川辺の林が頻繁に破壊されるため、極相林には発達しない。

その一方、上高地のような標高の高い山奥では、ふつうの河川は深い谷をつくるため、広い河原が生まれず、広い河畔林が形成されない。そのため、氷期が終わり暖かくなるにつれ寒冷な地域を求めてケショウヤナギは高山植物のように山の上を目指したのだが、多くの地域で行き場を失い絶滅していったと考えられる。

しかし、上高地は、焼岳の火山活動による度重なるせき止めにより、長い長い時間を経ても広い谷底の平坦地が保たれた。このような環境により上高地のケショウヤナギは生き残ったと考えられる。ケショウヤナギが生き残っていくのは、広い谷底の平地において、堤防などで川の流れが固定されずに自然のままに川が流れるような環境が必要だ。つまり、洪水のたびに、川があふれて流れが変わり、河畔林が破壊され再生するような自然な環境が保たれることが重要である。残念なことに名勝かつ特別天然記念物で国立公園の特別保護地域でもある上高地においても、そのような場所はほとんど残っていない。

北アルプスで一番活発な火山

焼岳は溶岩ドームの山である。麓の大正池や河童橋などから眺めると、山頂部分はゴツゴツした溶岩からなっているのがわかるだろう（図4－29）。この山頂部の溶岩が溶岩ドームである。かつて高校の地理の教科書には、このような山は「トロイデ」という分類に含まれることが記されていたが、「トロイデ」、「コニーデ」、「アスピーテ」という言葉は死語である（213ページのコラム参照）。焼岳は溶岩ドームの山と覚えてほしい。

現在の焼岳をつくる新期焼岳火山群の火山活動は、約3万年前に始まった。約3万年前に焼岳火山とその南の白谷山火山が活動を開始し、溶岩ドームをつくるとともに、その先端が崩れて火砕流が発生するような噴火を繰り返した。白谷山火山は約1万2000年前ごろに活動を停止したが、その後も焼岳火山は活動を続け今に至っている。なお、白谷山火山の南、平湯の東側にそびえるア

図4-29　河童橋付近から望む焼岳

カンダナ山は、１万年前以降に活動した火山であることから、活火山に認定されている。最後の噴火は焼岳より古いと推定されているが、詳しい年代は、まだわかっていない。

焼岳が最後にマグマを噴出するような噴火をしたのは約２３００年前で、そのときに現在の山頂部をつくる溶岩ドームとその周囲のなだらかな地形をつくる火砕流堆積物がつくられた。火砕流堆積物は中尾火砕流堆積物とよばれ、西側の岐阜県側では比較的遠く、蒲田《がまた》川沿いの蒲田まで流れくだった。現在の中尾温泉はその火砕流が谷を埋め立てた台地の上に建っている。

その後、焼岳火山は水蒸気噴火を繰り返し、地層にその痕跡が残るような規模の大きなものは、８回発生している。歴史時代にもたびたび噴火し、

658年の日本書紀に記述のある「信濃の国に降灰」や、1746年「越中能登に灰降る」の記録などは、噴出物の存在から焼岳の噴火である可能性が高い。そのほか、言い伝えとして16〜17世紀に噴火と解釈される伝説めいた記録が残っているが、これらの信憑性は低い。しかし、地層からはほぼ同時代に焼岳が噴火したことが明らかになっているので、これら噴火活動が伝説として残った可能性は高い。このように焼岳は歴史時代以降もたびたび噴火をしている。

明治・昭和初期の噴火

焼岳は、1962年を最後に噴火は発生していないが、明治末から昭和の初期に噴火を繰り返し、国内でも指折りの活動的な火山であった。明治末の1907年から昭和初期の1939年の間、1917〜1918、1920〜1921、1933〜1934、1936〜1938年の9年を除いて毎年噴火した（図4-30、4-31）。噴火の多い年には1週間に1回くらいの頻度で噴火を繰り返し、遠地にもたびたび火山灰を降らした。東京まで2回、熊谷まで1回降灰し、西向きの風のときには高山、金沢にも降灰したことがある。遠くまで灰が降らなくても、東側の長野県側にはたびたび降灰した。松本盆地には数えきれないぐらい、長野、諏訪にも頻繁に火山灰が降った。そのため、当時盛んであった松本盆地の養蚕に被害が出たそうである。

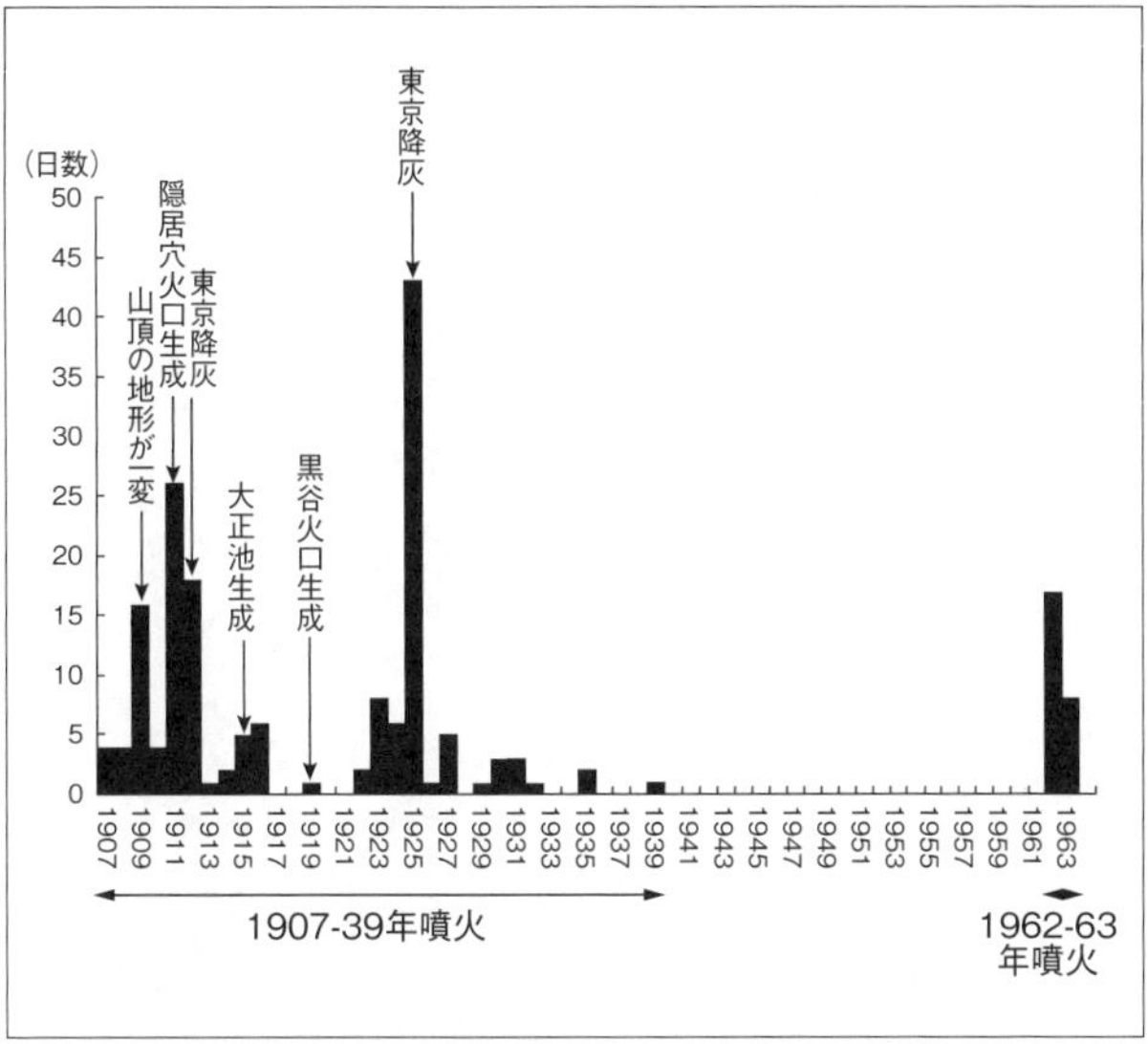

図4-30　明治末からの焼岳の活動。その年に噴火した日数を縦軸に、噴火した年を横軸に示す。

焼岳は、周囲を高峰に囲まれ、松本盆地からは眺めることができないが、当時は噴火のたびに、噴煙が松本からも見えた（**図４－32**）。これら噴火の噴出物には、新鮮なマグマが噴出した証拠は見つかってないので、水蒸気噴火であったと考えられている。しかし、30年ほども頻繁に噴火を繰り返したこと、噴火前後に測定された噴気温度が４００℃以上と水蒸気噴火にしては高いこと、噴煙高度も最大で１万２０００ｍと高いことなどから、単純な水蒸気噴火であったかは疑問が残る。典型的な水蒸気噴火ではなかったことは間違いなさそうである。

なお、活発な活動を行った焼岳である

図4-31　1925年撮影とされる百瀬藤雄氏撮影の焼岳噴火写真（絵はがき）

図4-32　絵はがきに残された焼岳の噴火。1911（明治44）年7月10日の噴煙。

が、当時は噴火による登山禁止などの立ち入り規制は行われなかった。戦前といえども登山者がそれなりに多く訪れる上高地に隣接した火山であるから、活動中の当時も多くの登山者が登っている。しかし、不思議と噴火による死者は出なかったようで記録に残っていない。

上高地から見上げる焼岳の山頂付近は、ゴツゴツとしたシュークリームのような溶岩ドームがむき出しの荒々しい姿が望める。しかし、1907年に噴火活動を開始する前、山頂部は木々に覆われていたそうだ。そのため、それ以前のしばらくの間、おそらく100年程度は、噴火はなかったようである。現在も、山頂付近の溶岩ドームの上を注意深く観察すると、枯れた立木が認められる。この立木は、明治に始まった噴火前に焼岳の山頂部が木に覆われていた証拠である。

このように明治以前はしばらく噴火のない期間が続いたが、焼岳のよび名は江戸時代から使われていた。つまり「燃える山（岳）」、噴火する可能性のある山であることは、昔から認識されていたのであろう。

明治末から昭和初期の噴火活動は、大正池の形成を挟んで、大きく3期に分けられる。1907～1914、1915～1916、1919～1939年である。この三つの活動時期には、それぞれ山頂付近に新たな火口を形成しながら噴火を繰り返した。現在、焼岳の山頂に立つと、複数の火口の凹みが認められるが、そのうちいくつかは、この時期につくられた火口である（**図4－33**）。

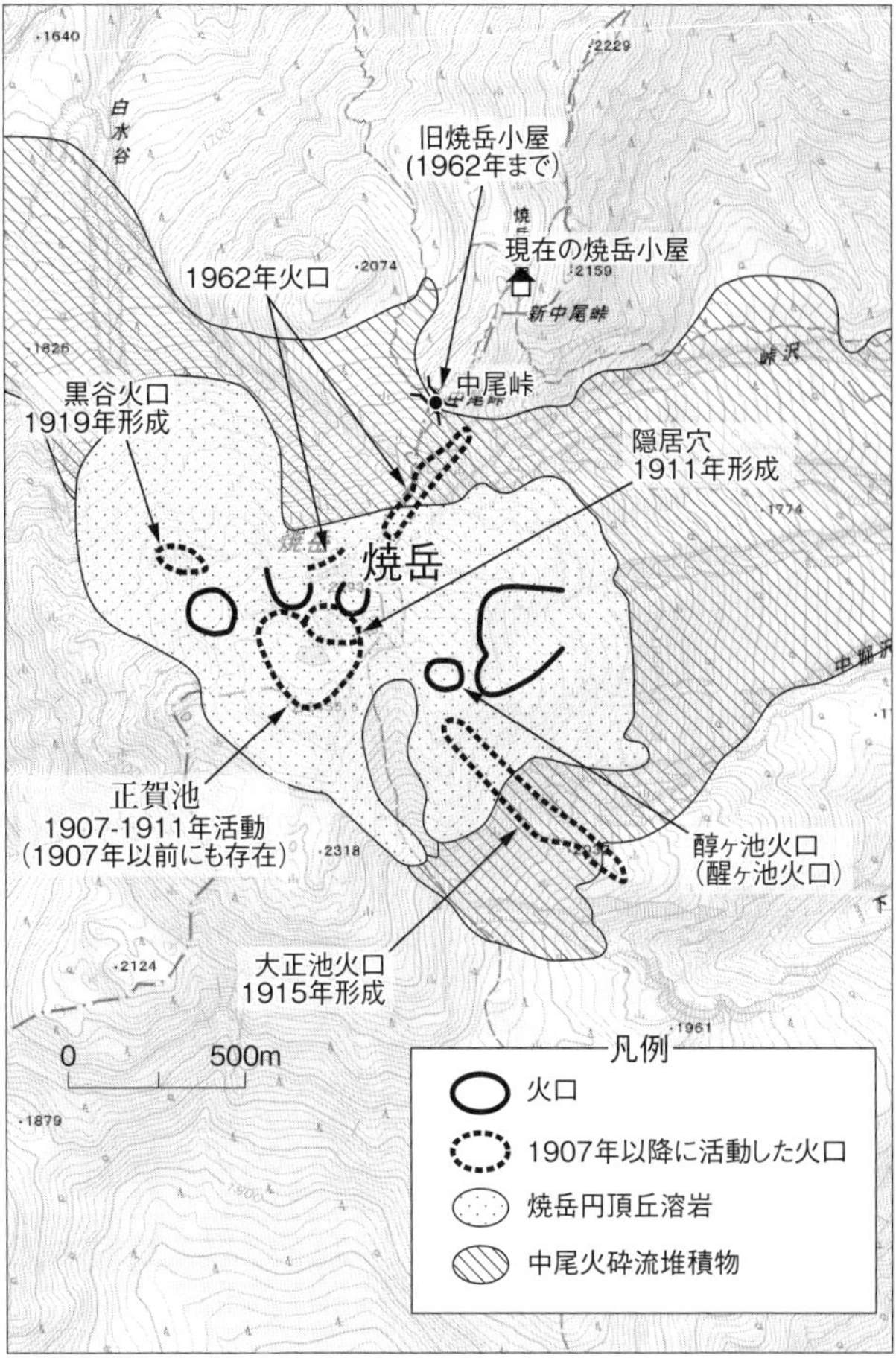

旧焼岳小屋
(1962年まで)
現在の焼岳小屋
1962年火口
中尾峠
黒谷火口
1919年形成
隠居穴
1911年形成
焼岳
正賀池
1907-1911年活動
(1907年以前にも存在)
醇ヶ池火口
(醒ヶ池火口)
大正池火口
1915年形成
0
500m
凡例
火口
1907年以降に活動した火口
焼岳円頂丘溶岩
中尾火砕流堆積物

図 4-33　焼岳山頂

最初の1907〜1914年の活動は、山頂の湖、正賀《しょうが》池を中心とする火口と、その脇の隠居穴とよばれる火口を中心に活動した。最初は正賀池のある火口が活動し、もともとあった山頂の火口の形を大きく変えていったが、1911年に隠居穴がつくられると、両方が活動するようになった。この隠居穴の形成後、1912年までが活動が最初のピークで、1912年には東京まで火山灰が降った。

その後1913〜1914年はだんだん噴火回数が減ってきて、しばらく噴火のない時期があったが、1915年6月6日、突然、山頂の東側に割れ目火口が開き、火砕流と火山泥流が発生するような噴火が発生した。この噴火による火山泥流が梓川をせき止め、大正池をつくったことは有名である。その大正池を形成した噴火の後、しばらくはその割れ目火口から噴火が発生していたが、だんだん噴火が減り、1917年には静かな状態になった。

この後しばらく噴火はなかったが、山頂からややくだった西側斜面から静かに煙が立ち上るようになり、1919年にそこから噴火が発生した。黒谷火口の誕生である。黒谷火口での活動は、その後しばらく活発でなかったが、1922年ごろから噴火活動を再開し、1925年には非常に活発に噴火した。1925年に噴火が発生した日は40日を越え、そのうち東京まで降灰があった日が1回あった。噴火のたびに、黒谷火口のほか、山頂の火口などからも噴煙が高く上ったため、迫力のある噴火の写真が複数残されている（図4－31）。火口から高く立ち上った噴煙は、諏訪からも見えたことがあり、その高度は最大1万2000mにも及んだとの記録が残る。

このような活発な活動を行った焼岳であるが、1926年以降はだんだん噴火の発生回数も減り、1932年ごろからはほとんど噴火が発生しなくなった。結局、1939年6月4日の噴火を最後に、活動を休止した。偶然の一致であろうが、焼岳の活動が低調になるにつれ、釜トンネルや自動車道路などが整備され、登山者だけでなく一般の観光客にも訪れるような観光地へと上高地は変貌した。焼岳山頂から北にくだった中尾峠に焼岳小屋がつくられたのも1928（昭和3）年と、活動が低下したこのころである。

謎だった大正池形成の噴火

大正池をつくった噴火は1915（大正4）年6月6日に発生したのだが、この噴火は1914年1月13日を最後に1年以上噴火が発生しなかった後に突然起こった。上高地で体感できるような地震が発生した後、午前7時35分ごろに噴火し、山頂から東側山腹に開いた割れ目火口から、一種の火砕流と火山泥流が山麓に流れ出て梓川をせき止めた。噴火の際、火口から何かが押し出て森林を破壊したとの記録は残っていたが、当時は火砕流という概念がなかったので、はっきりと書かれていなかった。これが火砕流であることがわかったのはつい最近だ。噴火直後に撮影された写真が見つかったことではっきりしたのだ。実は、この噴火は著名な噴火ではあるが、その全容は今まであまりはっきりとしていなかった。噴火の簡単な概要は学術論文や本などにまとめられて広く知られていたが、詳しい記述のあるものが見つからなかったため、その全容を詳しく知ることができなかったのだ。しかし最近、当時の詳しい報告書や写真が見つかり、全容が明らかになりつつある。

火砕流は、火口から噴き出た噴出物が、噴煙としてきれいに吹き上がらずに崩れ、地を這うように流れくだる現象だ。爆発的なマグマ噴火ではよくある現象だが、水蒸気噴火で比較的低温の火砕流が発生するというのは、一部の研究者にしか認識されていなかった。しかし、御嶽山の2014年の水蒸気噴火の際、火砕流が発生しそれが動画などで撮影されたので、国内の研究者に水蒸気噴火でも火砕流が発生することが広く知られるようになった。

この大正池形成の噴火直後、高名な地震学者であり当時の東京帝国大学の教授でもあった大森房吉博士が調査に訪れた記録が残っている。その記録には随行者として記録されていないが、写真技師が同行して写真を撮ったらしいことがわかった。その写真技師は、手塚順一郎（1894年生まれ、1932年没）という日本の山岳写真史上の初期に活躍した写真家である。手塚は、日本最初の山岳写真の教科書『山の写真のうつし方』という本を執筆し、亡くなる直前の1932（昭和

7）年に出版したことで知られている。この『山の写真のうつし方』の前書きで、そもそも山岳写真の撮影に目覚めたのは、大正池を形成した噴火後の大森房吉教授の調査に写真技師としてついていったのが最初であると書いている。そのため、そのときに撮った写真がどこかにあるはずであると探していた。すると、古い絵葉書の中に、それらしい写真が3枚見つかったのだ（図4－34）。その後、手塚順一郎のゆかり地である長野県大町市にある大町山岳博物館に、手塚順一郎のアルバムが寄贈されていることもわかった。そのアルバムから、すでに入手している3枚の絵はがきのほか、別の4枚の写真もさらに見つかった。それら写真を詳しく観察することで、噴火の際に押し出したものの少なくとも一部は低温の火砕流であることがわかったのだ。

大正池形成の噴火で発生した火砕流と火山泥流は、現在の下堀沢、中堀沢から梓川に流れ出て川をせき止め、大正池をつくった。このときつくられた湖は、一時河童橋付近まで広がったが、すぐに下流側からあふれ出て、湖面は小さくなった。あふれ出た土砂や木々まじりの水は、9時半ごろに25㎞ほど下流の安曇島々《しましま》まで到達して、あまりの速さに当時の人を不思議がらせている。このときつくられた池は、大正池と名づけられ、しばらくは自然の姿をとどめた。しかし、今は東京電力の霞沢発電所の調整池として利用されており、下流側に堰《せき》がつくられ、水位が下がらないように人工的に保たれている。

図4-34　手塚撮影の大正池噴火直後の写真

最近の２０１７年に、手塚撮影以外の大正池形成にまつわる写真が、松本市で郷土史を研究する牛丸工さんの調査により発見された。長野県史や上高地ルミエスタホテル（旧上高地清水屋ホテル）に残されている『クライマーズ・ブック』などに大正池形成時の噴火の体験談が収録されている、米国人宣教師のJ・メルル・デイヴィスが撮影したと考えられる写真が、松本市立博物館に収蔵されていることが判明したのだ。この写真は、手塚順一郎撮影のものより早い噴火後10日以内に撮影されたと考えられている。

焼岳のある上高地は、日本の山岳登山開始直後から多くの人が訪れている場所である。山岳登山の黎明期にちょうど焼岳が活発に活動していたので、焼岳の噴火を記録した貴重な写真は、まだ埋もれているかもしれない。なお、『クライマーズ・ブック』は、日本アルプスを広く紹介したウォルター・ウエストンが「上高地　温泉場」に残した日記帳で、情報交換の場として訪れた人が書き継いできたものだ。この日記帳の対訳は、２０１６年に信濃毎日新聞社から出版されている。

最新の1962〜1963年の噴火

１９３９年以降、しばらく噴火は起こらなかった焼岳だが、１９６２〜１９６３年に再び噴火活動を行った。なお、１９９５年２月11日には、釜トンネルの入り口、山麓の旧中の湯付近で安房ト

図4-35　北側「展望台」から1962年火口を望む。中央から左上にかけて走る雪が詰まっているガリーが1962年火口

ンネルへのアクセス道路工事中に水蒸気爆発が起こり、作業員4名の方が亡くなる事故が発生した。しかし、火山体内で噴火が発生したのは、この1962〜1963年の水蒸気噴火が最後である。

この噴火は、1962年（昭和37年）6月17日21時55分に、山頂北側斜面に新たな割れ目火口（図4−35）を形成して始まった。当時、新たに開いた火口のすぐ北側の中尾峠に焼岳小屋があったため、小屋番をしていた2名が、噴石により大けがを負ったが、次の日の朝に救助された。噴火の発生は夜であったが、その日の昼には登山者が山頂付近に200名ほどいたため、日中に噴火が発生していたなら、もっと被害が及んだであろう。なお、6月18日の噴火後、登山道は警察により封鎖されたが、それでも登る人たちがいた。そのような人たちのうち2名が、8月9日に発生した噴火に巻き込まれ、怪我をしたことが、当時の新聞に記録されている。山頂まで登る登山道は、１９９０年まで立ち入り規制がかけられていた。

この噴火の一連の活動は、１９６３年6月29日まで続いたが、最初の6月17日の噴火が最も大きく、火山灰が60㎞離れた上田や小諸まで降った。また、この一連の活動に関連して火山泥流や土石流もたびたび発生した。6月18、19日には火口から泥水があふれ出て火山泥流が発生し、西側の白水谷や東側の峠沢に流れくだった。水蒸気噴火は、地下にある１００℃以上となった熱水が引き起こす噴火だ。そのため、このように火口から熱い泥水があふれ出て、火山泥流を発生することがあるので注意が必要だ。積雪期には、あふれ出たお湯が周囲の雪を溶かして大規模な火山泥流に発達することもある。

その後、6月22日には降り積もった火山灰が雨によって移動する土石流が、中堀沢、峠沢で発生するようになった。7月12日にはその土石流が梓川まで流れくだり、一時川をせき止めもした。この後、長期間、雨のたびに土石流が頻発するようになり、登山道として使われていた峠沢は、すっかりえぐれて深くなり、登山道として使えなくなった。現在の上高地側から登る登山道は、この噴火の後に整備されたものである。

ミニガイド

焼岳に登ってみよう

焼岳は日本百名山にも選ばれる登山をするにも魅力的な山だ。登山口は、中の湯、上高地、中尾温泉の三つあるが、いずれからも日帰りで往復できるので、比較的登りやすい。ぜひ生きている火山を体感してほしい。ただし、活動的な火山であり、山頂付近の噴気孔からは、わずかだが二酸化硫黄を含む火山ガスも出ている。そのため、喘息患者などの火山ガスの高感受性者は噴気孔に近づかないように十分注意してほしい。また、事前に気象庁から発表される火山活動の情報などをチェックして、注意しながら登ってほしい。

火山を体感する登山として、おすすめは上高地側からのコースだ。上高地のバス停を降りて、河童橋か田代橋で梓川の右岸側に渡り、川をくだる方向にしばらく歩くと、焼岳登山道の分岐に着く。分岐からの登山道は、しばらく林間の緩やかな斜面を登っていく。

小さな沢を渡った後、だんだん傾斜が増していくが、まだ緩やかな登りといえる斜面が続く。この緩やかな斜面は、中尾火砕流堆積物でつくられている地形である。現在の焼岳の溶岩ドーム、焼岳円頂丘溶岩がつくられた約2300年前、最後のマグマ噴火が発生したときに、溶岩ドームが成長しながらその先端がガラガラと崩れ、火砕流となったものが堆積したのが、中尾火砕流堆積物だ。登山道の左手側に木々の隙間から時折、深い谷が見えるが、その壁をつくっている大きな石を含むガラガラとした堆積物が、その火砕流堆積物である。中尾火砕流堆積物上の登山道では、道が深くえぐれた壁に、厚さ数センチ以下の白い粘土層が認められることがある（図4－36）。この粘土層は、過去の焼岳の水蒸気噴火の際に降り積もった火山灰層だ。このような火山灰層を丹念に調べると、過去の噴火の歴史がわかるのだ。

図4-36　焼岳登山道沿いの火山灰層

しばらく緩やかな登りを登っていくと、急に梯子が2ヶ所出てきて、周囲の展望も開けてくる。この梯子がかかる崖は、焼岳の隣の割谷山《わるだに》をつくる約7万年前の溶岩だ。割谷山火山は、旧期焼岳火山をつくる火山の一つで、焼岳が活動を開始する以前に活動を停止した。

登山道に梯子のかかるあたりから、火山ガスなどの影響か高木が少なくなり、一気に展望が開ける。特に上の梯子を登り切ったところから焼岳の溶岩ドームが真近に望め、迫力がある。天候がよければ、山頂部の溶岩ドームから噴気が上がっているのが見えるだろう。

梯子を登り、笹原を抜けると樹林帯に入り、小さな焼岳小屋が現れる。焼岳小屋は、かつてもっと焼岳寄りの場所にあったのだが、1962年の噴火で大破して、現在の場所に建て替えられた。焼岳小屋のすぐ南の峰は、かつて飛騨側では「焼岳」とよばれた峰で、信州側では「硫黄岳」とよばれていた。展望に優れ、西側に笠ヶ岳、東側に大正池、南に大きく焼岳の溶岩ドーム（**図4－35**）が望めることから、今は「展望台」とよばれている。展望台の南側には、噴気孔がある。この噴気孔は、少なくとも江戸時代後半から存在していたようである。火山ガスのせいか、展望台の南側（焼岳側）の斜面は、苔しか生えていない場所があり、ふかふかの苔の絨毯を敷き詰めたようなところがある。

展望台からくだったところが中尾峠だ。中尾峠にある大きな岩の陰に、1962年まで焼岳小屋があったが、今は土台が草に埋もれて残るだけだ。中尾峠からは焼岳の溶岩ドームの急斜面を登って、山頂に至る。登山道は、途中、標高2200m付近で噴気のあるガリー（溝状の谷）を横切るが、そのガリーが1962年の噴火で形成された割れ目火口の跡だ。火山ガスの事故は発生していないが、ここから上部は比較的高濃度の火山ガスが出ている噴

図4-37　正賀池と隠居穴。中央の池が正賀池。その右手前が隠居穴火口

気孔がいくつかあるので、十分注意をしてほしい。

１９６２年噴火の割れ目火口を横切ると、溶岩ドームにとりついて、登山道はますます急になる。落石や滑落に注意しながら登ってほしい。溶岩ドームの急崖を左に巻くように登っていくと、山頂のコルに到着する。

焼岳の山頂はいくつかの峰に分かれている。通常、焼岳の山頂とされているのは北側の峰、北峰だ。南の三角点がある山頂のほうが、わずかに高いのだが、登山道はない。山名を記した標識なども、北峰に設置されているので、北峰に登ることとしよう。北峰の南側とコルから登る登山道の脇には活発な噴気孔があり、そこでは二酸化硫黄ガスもわずかだが計測されることがある。そのため、火山ガスの高感受者は噴気孔に近づかないほうがよいだろう。

山頂からは大展望が広がる。南側の足元には、山頂火口とその中にある深い青色をした火口湖、正賀池が望める（図4－37）。山頂火口は、明治の噴火活動が始まる前からあったそうだが、1907年の噴火開始以降、活発に活動を繰り返して、より深く、大きな火口となり、現在の姿になった。山頂火口の北西側、北峰山頂の西側には、もう一つ深い火口があり、隠居穴とよばれている。この火口は1911年の噴火で形成されたものである。

焼岳は展望のよい山だ。遠くに目をやると、西方の遠くに白山《はくさん》、北西に笠ヶ岳、北に槍・穂高連峰が望める。槍ヶ岳と笠ヶ岳の間には、黒部川源流の鷲羽岳も望める。展望を堪能してから、余裕をもって下山してほしい。

コラム　「トロイデ」、「コニーデ」、「アスピーテ」は死語

かつて高校の地理の教科書などには、火山をその形から分類する「トロイデ」、「コニーデ」、「アスピーテ」、「ホマーテ」などという語が載っており、そう教育されてきた。しかし、これ

ら「トロイデ」、「コニーデ」、「アスピーテ」、「ホマーテ」の用語を使っているのは日本と韓国ぐらいで、今も昔も世界的にはほとんど使われていない。日本でも今や教科書には載っていない。ところが、各地の観光関係ではこれらの言葉が今も使われているのが散見される。

このような形による分類は、ドイツの地理学者シュナイダーが1911年の論文で提唱したものだ。この論文はいち早く日本に紹介され、国内で広く普及したが、諸外国ではほとんど使われることはなかった。

世界的な岩石・火山学者で、箱根火山の研究で有名な久野《くの》久《ひさし》は1954年に出版した『火山及び火山岩』（岩波書店）で、その後の研究もふまえ、この分類を使うことは相応しくないことを明記している。そのため、地質学、火山学ではこの分類はまったく使われない。

しかし、社会科に含まれる地理分野では、最近まで各種教科書や地図帳などにこの分類が載っていた。そのため、文学作品や観光地のパンフレット、説明看板、道路名称などでいまだに使われている。しかも丁寧なことに、英文に訳されている例も認められる。日本と韓国以外ではまったく使われていない言葉なので、多くの外国人には、なんのことだかわからないだろう。

御嶽山

大きく高い山

日本で一番高い山である富士山は、活火山であり火山としても日本最高峰だ。その富士山に次いで高い火山は、御嶽山（３０６７ｍ）である。御嶽山も活火山だ。なお、御嶽山の次に高い活火山は、乗鞍岳（３０２６ｍ）、その次は白山（２７０２ｍ）だ。

富士山は日本列島の火山の中で頭抜けて大きく高い活火山だが、御嶽山も大きく高い。深田久弥は『日本百名山』で「普通御嶽は日本アルプスの中に入れられるが、この山は別格である。そういうカテゴリーからはみ出している。北だの、中央だの、南だのと、アルプスは混みあっているね、そんな仲間は御免だよ、といいたげに悠然と孤立している」と表した。古来、日本の各地には御岳《みたけ》とよばれる信仰の対象となった山々があったが、御嶽山は別格で、王御嶽《おうのみたけ》とよばれていたため、御嶽山という名前になったとの説からも、その威容がうかがえる。

このような大きな御嶽山の山頂部は、南北に約３・６㎞もの長さで、継母岳《ままははだけ》（２８６７ｍ）、王

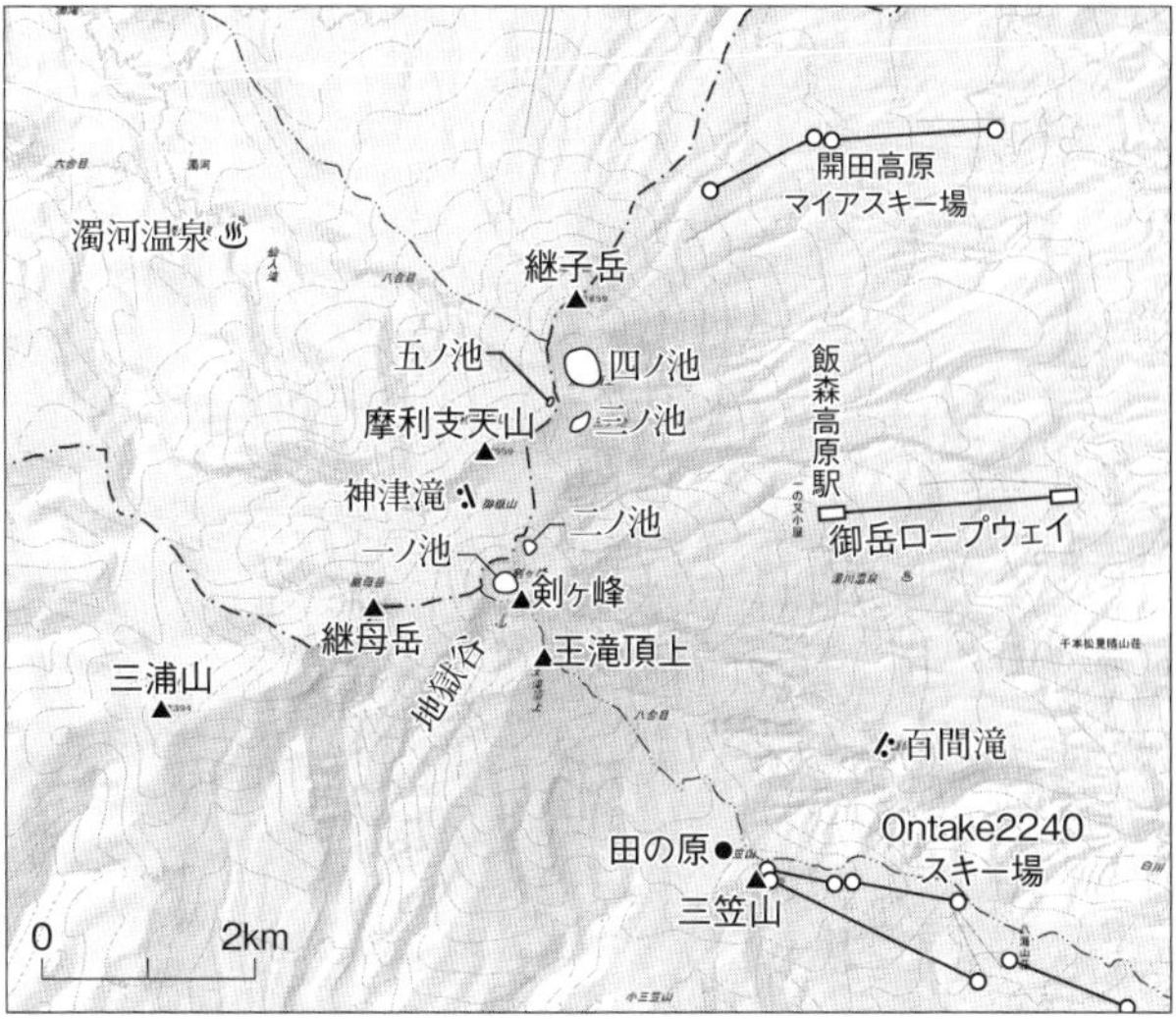

図4-38　御嶽山地図

滝頂上（2936m）、剣ヶ峰（3067m）、摩利支天山（2959・5m）、継《まま》子《こ》岳（2859・1m）など多くの高い峰々からなる（**図4-38**）。裾野の直径も20㎞を超える。ちなみに南八ヶ岳の赤岳から硫黄岳の直線距離は約3㎞、北アルプスの穂高連峰の西穂高岳から北穂高岳までの稜線は直線で約3・4㎞、白馬三山の一番北の白馬岳から南の白馬鑓ヶ岳まで約3㎞である。御嶽山一つで、南八ヶ岳や穂高連峰、白馬三山に匹敵するくらいの大きさがあり、一つの山というより大きな山塊だ。ただし、穂高連峰はずっと急峻で、狭い範囲に高峰がひしめいているが。

　数々の峰々がつらなる御嶽山は、長く複雑な歴史を経て現在の姿になった。最近もたびたび噴火が発生している。特に、2014年9月28日に発生した水蒸気噴火では、登山者が巻き込まれ、63名もの死者行方不明者を出したことは記憶に新しい。それ以前も、死者こそは出なかったが1979年10月27日に噴火が突然発生し、皆を驚かせた。近年の噴火は、すべて水蒸気噴火であったため、マグマ噴火を行わないイメージが強い山である。しかし、最近の地質時代にもたびたびマグマ噴火を行っていることが最近明らかになっている。

多くの火口湖

南北に伸びる御嶽山の稜線は、いくつもの峰々からなるため、南の王滝頂上から北の継子岳まで歩くとちょっとした縦走が楽しめる。その縦走にアクセントを加えているのが、山上の湖だ。これら山上の湖すべては、火口に水が溜まった火口湖だ。

最高峰剣ヶ峰のすぐ北東側に位置する一ノ池は、普段は水が溜まっていないが、雪解けの時期に水が溜まることがある火口だ。2014年の噴火以降は立ち入りが制限されているが、一ノ池の周りの火口縁には「お鉢めぐり」とよばれる登山道がある。一ノ池の北には常に水をたたえる二ノ池がある（**図4－39**）。二ノ池は、2014年噴火の火山灰で埋め立てられてだいぶ小さくなってしまったが、湖面の標高は2908mもあり、常時水をたたえる湖としては日本最高所にあるといわ

図4-39　二ノ池を南側から望む。湖畔の小屋は二ノ池山荘

図4-40　南側から望む三ノ池

れている。そのほとりには二ノ池山荘が建つ。一ノ池、二ノ池の周囲は、1979年、2014年と相次ぐ噴火と地獄谷の噴気の影響か、植生の少ない荒涼とした風景が広がる。その一方、二ノ池の北側からは緑が多く、高山植物なども多く認められ、一変した風景が広がる。そのような場所に三ノ池、四ノ池、五ノ池がある。三ノ池は、御嶽山最大の湖で、水深は13・3mもある（**図4-40**）。約8600年前につくられた火口に水が溜まった湖で、国内の高山帯にある湖としても大きいほうだ。四ノ池は池と名がついているが、水は溜まっていない。しかし底には川が流れ湿地が広がり高山植物が豊富な火口だ。五ノ池は、一番小さな湖で、一ノ池から五ノ池までのうち、最も最近活動した火口である。最高峰の剣ヶ峰に登るだけでなく、できれば山上に一泊し、これらの池をめぐると、御嶽山の大きさや魅力がもっとよくわかるだろう。

多くの滝

御嶽山は水が豊富で、たくさんの渓流が流れ出ていることも特徴だ。その渓流にはたくさんの滝がかかる。多くの滝は、溶岩や溶結凝灰岩《ぎょうかいがん》などの堅い部分が、浸食に打ち勝ち崖となり、そこに川が流れて滝となっている。そのため、沢登りの対象となっている谷もたくさんあるが、遊歩道などが整備され、気軽に滝が楽しめる場所もたくさんある。特に西側山麓の岐阜県下呂《げろ》市小坂《おさか》町は、落

図4-41　御岳ロープウェイ飯森高原駅から望む幻の滝（上・下右）。百間滝（下左）

差５ｍ以上の滝が２００以上もあることから、滝の町として売り出している。これらの滝は、御嶽山の溶岩にかかっているものが多く、遊歩道も多数整備されている。東側の山麓にも、開田高原の尾ノ島の滝や、黒沢口登山道の四合目付近の不易《ふえき》の滝やこもれびの滝、王滝口の御嶽教の信者が水垢離《みずごり》をする新滝や清滝など、本格的な登山をしなくても気軽に楽しむことができる滝である。いずれも御嶽山の溶岩などが高い崖をつくり、それにかかる滝だ。

また御岳ロープウェイの飯森高原駅（山頂駅）からは、季節によっては、四ノ池から流れ出る川が滝となって落ちているのが見える。この滝は、２６９０ｍの高さから落差約90ｍの高さを幾段にもなって落ちる大きな滝だ（図４－41）。日本最高所の滝ともいわれているが、正確には同じ御嶽山にある神津滝のほうが高いところにある。

長く複雑な歴史

長く複雑な歴史をもつ御嶽山の誕生は、約78万年も前にさかのぼる。長野県内にある活火山で日本有数の活発な活動を繰り返す浅間山や、日本のシンボルである富士山などは約10万年前に誕生した火山であることから、御嶽山の歴史は大変長いことがわかる。

御嶽山の火山活動は大きく二つに分けられる。約78万～30万年前に活動した古期と約10万年以降に活動した新期の活動だ（図４－42）。古期の活動でつくられた山体は、現在の御嶽山の裾野にあたる部分を構成し、その上に新期の活動でつくられた山体が成長した。現在の山頂部を構成する山々はすべて新期の活動でつくられた。王滝口登山道の登山口である田の原のすぐ東にある三笠山（２２５６ｍ）は、この古期の最後の活動でつくられた火山である。田の原に至るスキー場の斜面を登る車道は、ほぼ古期御嶽火山の噴出物の上を通っている。

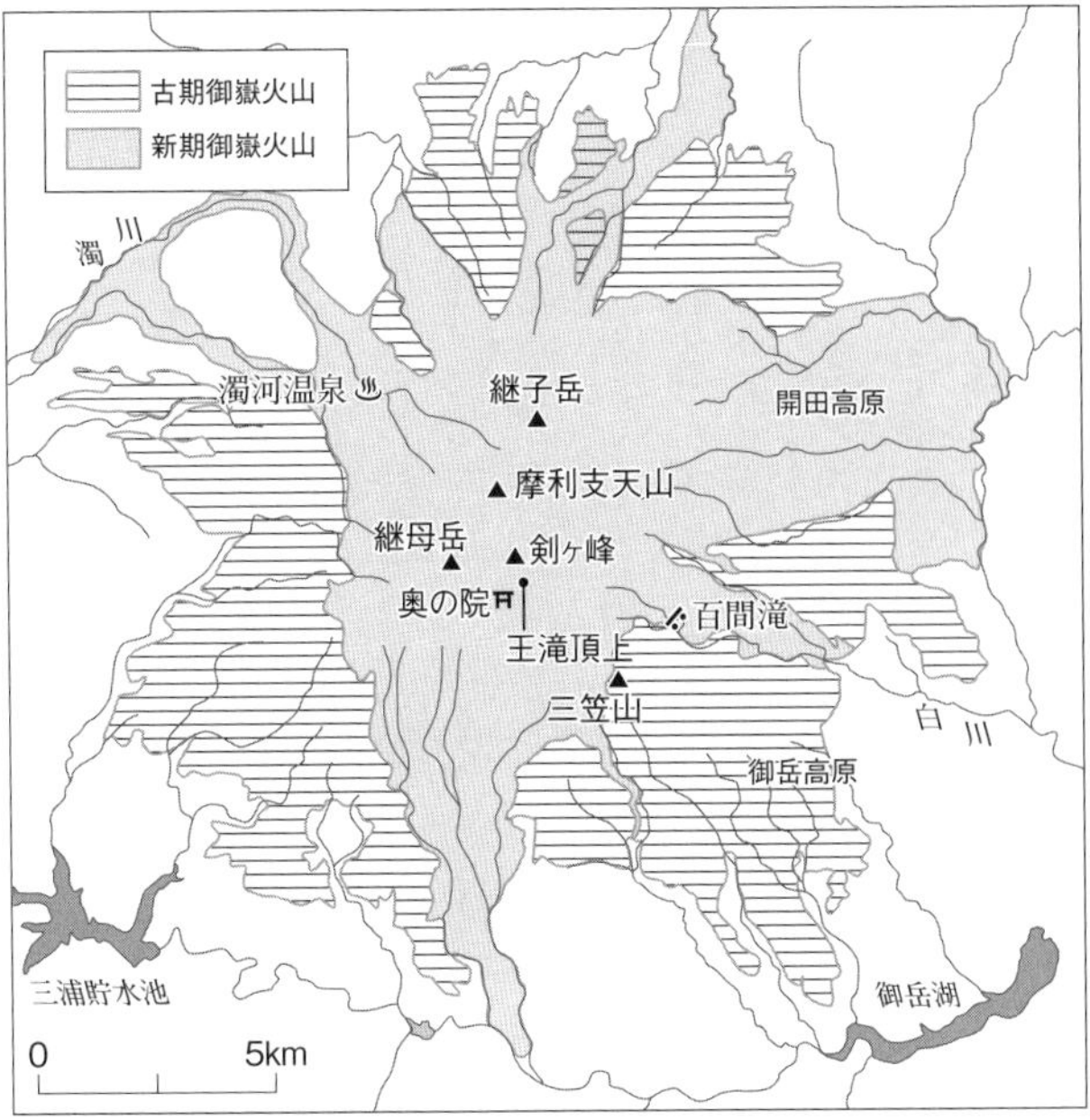

図4-42　古期・新期御嶽火山の区分

　御嶽山は過去、たびたび大規模な噴火を行った火山である。最初期の活動でも大規模な火山活動を行い、遠くまで火山灰層を降り積もらせた。この最初期の火山灰層は房総半島の市原市に露出する地層中にも見つかり、百尾《びゃくび》火山灰層と名づけられている。実は、この火山灰層が地質時代の地層の境界を決める国際的な基準としてクローズアップされている。

　地球が誕生してから約46億年間を区分する地質時代は、いくつかの階層で分けられている。現在我々が過ごしている時代は、新生代第四紀完新世という約1万1700年前から始まる時代である。新生代は恐竜のいた中生代が終わり、ほ乳類が代表的な動物となった約6600万年前から始まる時代だ。その新生代は、古第三紀、新三紀、第四紀の三つに区分されている。第四紀は、地球上に人類が進化・拡散し活動している時代であることから人類紀ともよばれ、約260万年前（258万8000年前）から始まる。さらに第四紀は、五つに分けられているのだが、いくつかの境界が地層中できちんと決められていない。地質境界の定義は、世界中でその境界に相応しいと考えられる地層などをもって決められるのだが、新しいほうから三番目の時代の下限の境界付近に、白尾火山灰層があり、よい目印となることがわかったのだ。

そこで、この火山灰層を挟む千葉県の房総半島の地層を国際模式地にするため、オールジャパンの研究チームがつくられた。そのチームがとりまとめた研究成果を国際機関に提出したところ、2020年1月にその地が模式地とするのに世界中で最も相応しい地点であるとされた。今後、77万4000〜12万9000年前の時代は、「千葉時代」という意味の「チバニアン」という名でよばれることになる。またその地である千葉県市原市田淵にある白尾火山灰層の挟まるところが国際模式地となり、日本唯一の地質時代の境界を示す地点となる。その場所は、新緑、紅葉ハイキングで有名な養老渓谷の近くにあるので、ハイキングの際にぜひ立ち寄ってほしい。

新期の火山活動でも、大規模な噴火がたびたび発生している。新期の初期、約10万〜7万年前の間は、山頂から40km以上離れた伊那谷に層厚1m以上の軽石を降らすような噴火がたびたび発生した（図4－43）。このうち、一番大きな噴火で降り積もった軽石層は、御岳第一軽石と名づけられていて、約140km離れた富士山東麓の静岡県小山町でも、1mあまりの厚さで降り積もっている。この時期につくられた山体は剣ヶ峰の西側にある継母岳である。このように、多量の軽石をまき散らすような非常に大規模な噴火をたびたび行ってきた。

しかし不思議なことに、ここ6万年間は、伊那谷に一回の噴火で数十cmから1mあまりの厚さで軽石を降り積もらせるような、非常に大規模な噴火は発生していない。最後の非常に大規模な噴火では、剣ヶ峰の東方に火砕流を流し、伊那谷に最大50cm以上の厚さで軽石を積もらせた。流れくだった火砕流は、百間《ひゃっけん》滝溶結凝灰岩と名づけられ、自身の熱で硬く溶結した岩石となっている。硬くて浸食に強いため、あちこちに高い崖をつくり、そこには大きく高い滝、百間滝（落差約50m）や不易の滝（落差約30m）などがかかっている（図4－41）。不易の滝は、黒沢口登山道の四合目付近の油木美林遊歩道入り口から少し歩けば、滝の下の展望台に簡単に行ける。また、百間滝は、滝つぼまで行くことは一般的でないが、御岳ロープウェイの飯森高原駅や中の湯から登山道を1時間から1時間半ほど歩くと滝を望める百間滝展望台に着く。そこからは百間滝のほか、雌蝶の滝、雄蝶の滝、大正滝など大きな滝が四つも望むことのできる稀有な景観が広がる。ただ、雄蝶の滝と大正

図4-43　御嶽山からの軽石層(破線で囲んだ層)。伊那東部中学

滝は木々がしげってきて見えにくくなってきているが。

現在の山頂部をつくる峰々のほとんどは、これら非常に大規模な噴火が起こらなくなってから成長した部分である。そのうち、奥の院から王滝頂上、摩利支天山などの峰々は、少し古い6万年前ぐらいまでの噴火でつくられた山だ。約3万年前ごろに、摩利支天山の北側に四ノ池火口をいだく継子岳、摩利支天山と王滝頂上の間に一ノ池火口、二ノ池火口をいだく剣ヶ峰などの山々が噴火によって成長した。その後、最近1万年間に三ノ池、五ノ池の火口ができて、御嶽山は現在の姿になったのだ。

実は活発、御嶽山

御嶽山の1979年に発生した噴火は有史以来初めての噴火といわれた。御嶽山は、1979年以前も気象庁認定の活火山の一つであったが、噴火の発生がひっ迫しているとは考えられていなかった。また、専門家以外の世間一般には、御嶽山が活火山であり噴火する可能性があるという認識は薄く、噴火後の新聞などで「死火山」が噴火したと報道されたぐらいである。そういう認識の中で突然噴火したため、この噴火は社会的に大きなインパクトを与えた。そのため、この噴火は、活火山の定義や休火山、死火山の呼称の見直しのきっかけとなった。

しかし、御嶽山そのものは、1979年の噴火後も、いくつかの地質調査結果からマグマ噴火の発生はここ約2万年間にはなかったとされていた。そのため、あまり活発でない活火山であると考えられてきた。しかし、山体内、特に火口周辺の山頂付近の詳しい地質調査が行われるようになり、その考えは覆された。

最初の発見は西側山麓からもたらされた。岐阜県が地質コンサルタント会社に委託した地質調査によって、約5900年前に発生したマグマ噴火の痕跡が濁河《にごりご》温泉の下流で発見され、2007年に発表された。この噴火により、小規模な火砕流が北西麓に流れくだったことが明らかになったのだ。その後も詳しい地質調査が行われ、ここ1万年程度の地質学的にはごく最近にも、マグマ噴火が頻繁に発生していることがわかった（図4-44）。

御嶽山の火口から数㎞の範囲で、地表直下の土層を含めた地層を詳しく調べると、厚さ数㎝から数十㎝程度ではあるが、複数の火山噴出物の層が見つかる。そのような層の厚さの変化や、中に含まれる岩片の種類、年代などを検討することで、ここ1万年間の御嶽山の火山活動史が復元できる。そのような地道な調査・研究を積み重ねた結果、地層に残るほどの規模の噴火は、ここ8000年間に少なくともマグマ噴火が4回、水蒸気噴火が18回発生していることがわかった。

過去1万年間に発生したマグマ噴火のうち、最大の噴火は、三ノ池溶岩をつくった噴火だ。御嶽

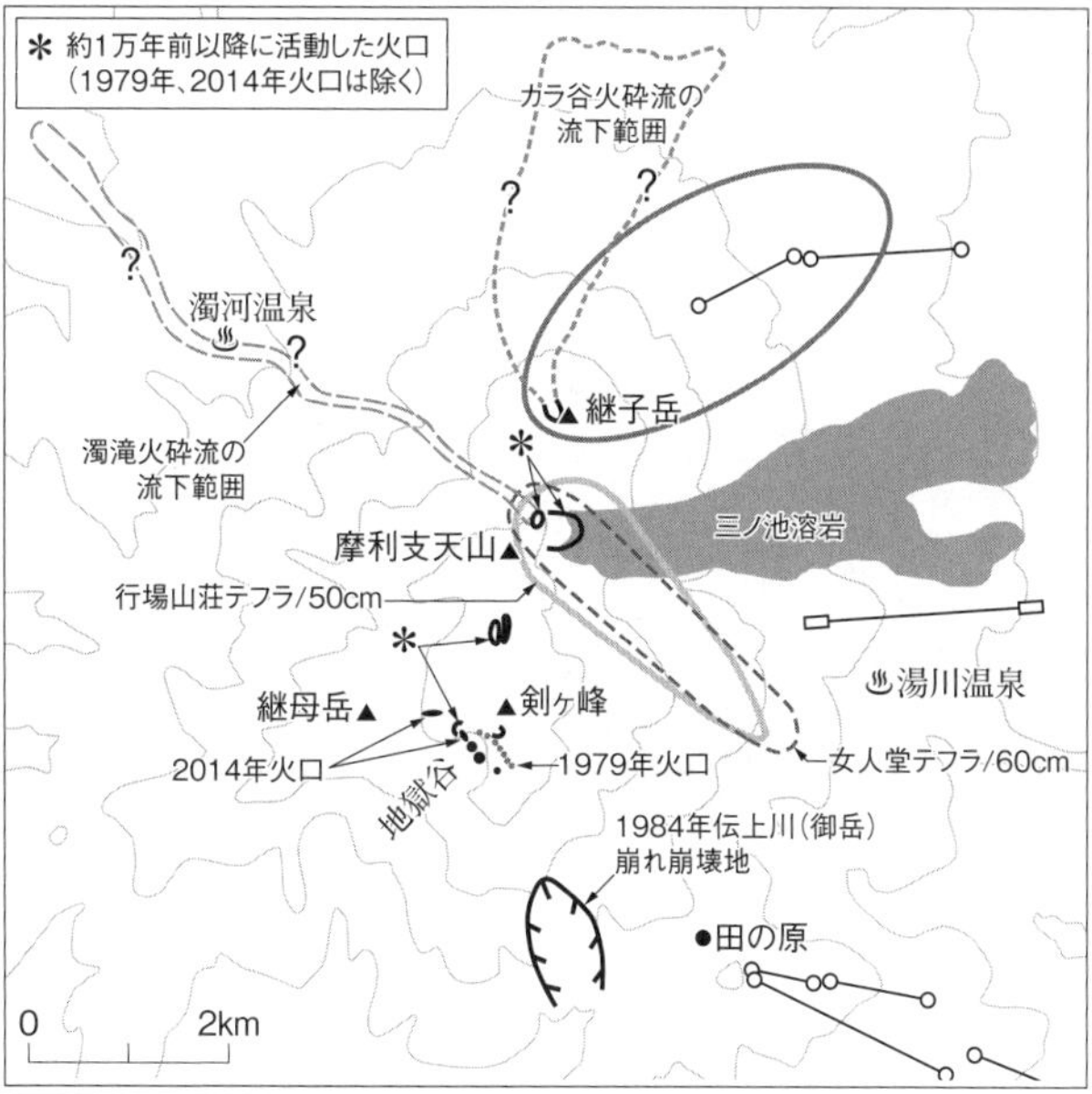

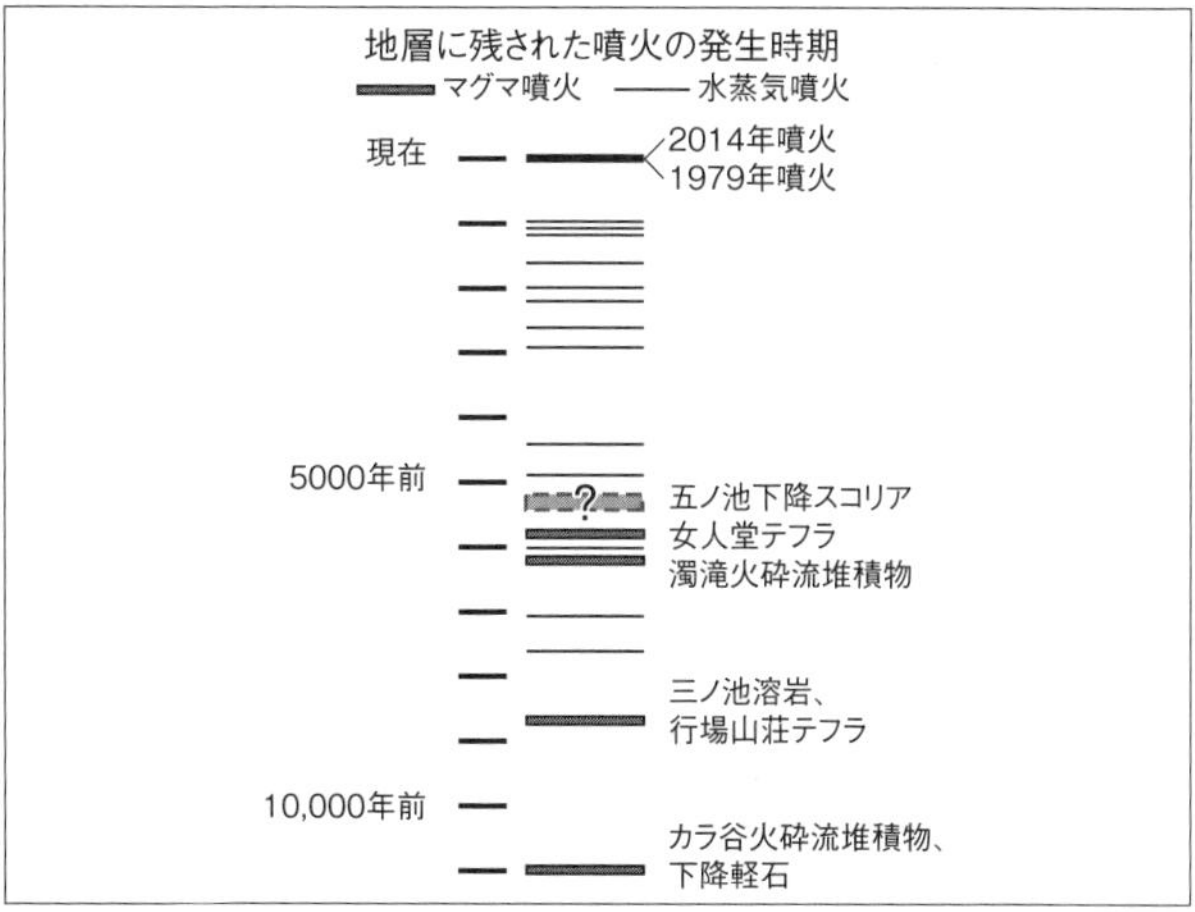

図4-44　御嶽山の過去1万年間の噴出物の分布

図4-45　三ノ池溶岩。九合目石室山荘より

山山頂部の北部にある三ノ池を火口として、その東側から流れくだっているのが、約8700年前に流れ出た三ノ池溶岩だ。ロープウェイの車窓や飯森高原駅の展望台から北側を望むと手前に低い尾根が見える。それが三ノ池溶岩だ。黒沢口登山道九合目付近の石室山荘あたりからは全容がよく見え、早朝の影がついて地形が強調されて見えるときには、シャンプーやケチャップなどをドロッと流したような地形がよく望める（図4-45）。

最新のマグマ噴火の火口は、五ノ池だ。五ノ池は三ノ池のすぐ西側にある小さな火口に水が溜まった池だ。最後の噴火はおよそ5000年前ごろと推定され、そのときに噴出した黒いスコリアが、火口の周囲に散らばる。五ノ池火口が活動した以降は、御嶽山でマグマ噴火は発生していない。数千年という時間は数万年、数十万年という一生をもつ火山にしては短いものだ。そのため当然、御嶽山は再びマグマ噴火を行うと考えたほうがよいだろう。

ここ１万年間に活動したマグマ噴火の火口は、山頂部の北側によっているが、水蒸気噴火の火口はそれより南側によっているようだ。特に最近数十年間の活動は、すべて剣ヶ峰より南側に位置する地獄谷の源頭部とその周辺で発生している。

ここ数百年も噴気活動は続く

有史以来初といわれた１９７９年の噴火以前も、御嶽山では噴気活動が続いていた。少なくとも３００年以上は地獄谷で噴気活動が継続していたようだ。

御嶽山の山麓では今でも百草丸という胃腸薬がつくられているが、昔から薬草の採れる山として有名であった。そのため、江戸時代の18〜19世紀前半に記された、薬草を採りに行った人たちの記録や当時の地理書に、地獄谷で噴気が上がっていること、そこで硫黄が採れることなどが記されている。19世紀末以降、明治以降になるともっと記録が多くなる。明治初期に調査のために御嶽山に登った、坂市太郎、佐藤傳蔵、神津俶祐《しゅくすけ》などの地質学者による報告や、アーネスト・サトウ、ウォルター・ウエストンなど外国人登山家による著書に噴気の記録が残る。なお神津俶祐は、東北大学

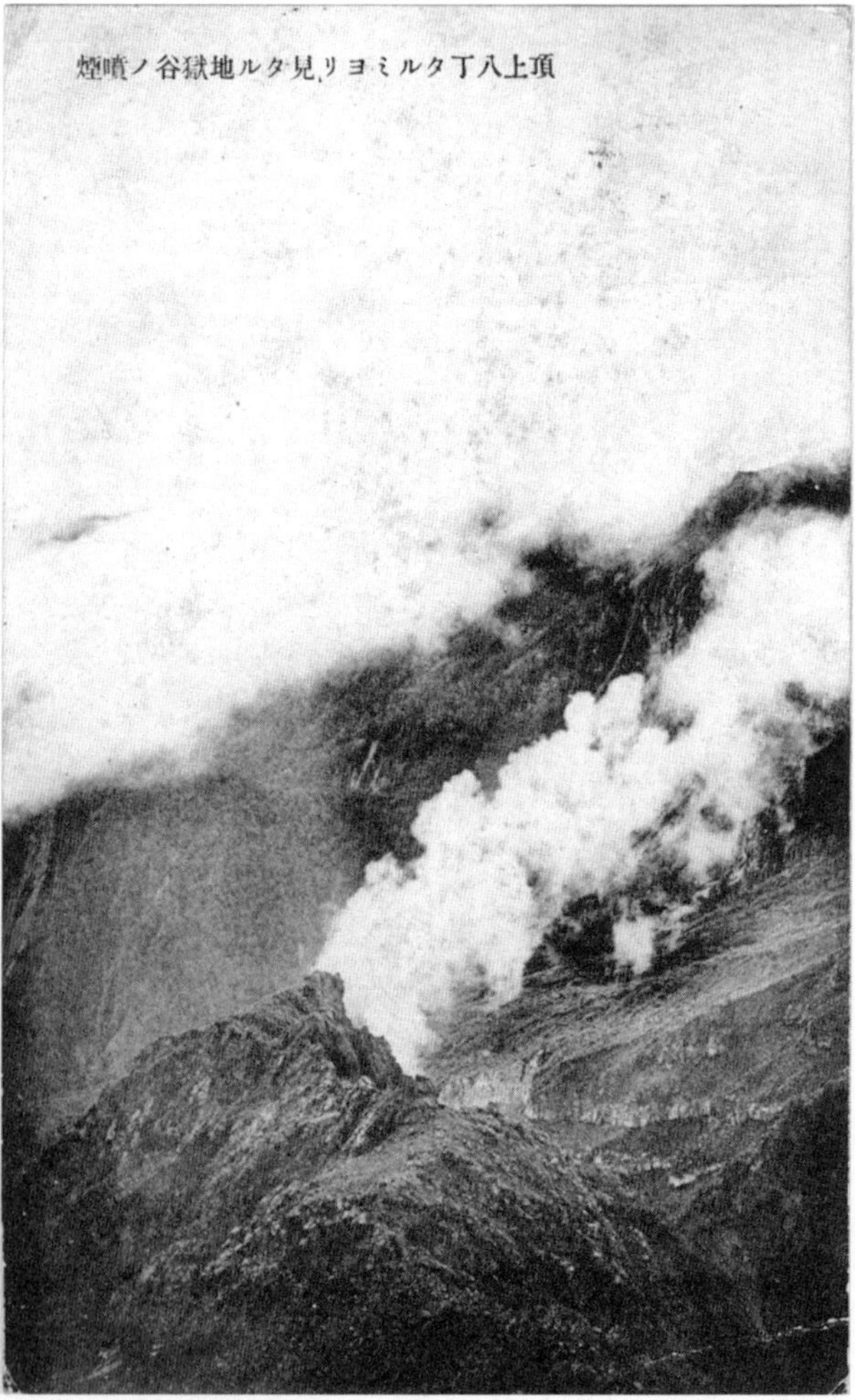

図4-46　地獄谷の噴気孔を写した絵はがき。昭和6年の消印あり。大正末から昭和初期に撮影されたと推定

設立時の地質学・岩石学の教授であり、御嶽山の火山地質を本格的に初めて研究した人である。その名にちなんで、摩利支天山南西側の沢にかかる滝は「神津滝」とよばれている。この滝は、最高峰である剣ヶ峰の脇にある、一ノ池を火口として流れ出た溶岩にかかる。標高２７６０mにあり、常に水が流れている滝としては、日本最高所にあるといわれている。大正時代以降は、多くの絵がき写真に地獄谷源頭部の噴気が写っているが（図4-46）、２０１４年以前の数十年間よりも活発に見える。

最近は、１９７９年、１９９１年、２００７年、２０１４年に噴火をしている。そのうち比較的規模が大きかった１９７９年と２０１４年の噴火は、いずれも同程度の噴火規模であったが、２０１４年噴火では、たくさんの人が火口付近にいる中、突然噴火したので、多くの犠牲者が出てしまった。

1979年噴火と2014年噴火

１９７９年の噴火は、有感地震や噴気の増大など体感できる前兆もなく、10月28日の早朝5時ごろ開始した。噴火は徐々に強度を増し、28日14時すぎにピークをむかえたが、28日中には主な活動を停止した。

この噴火は、地獄谷の源頭付近から八丁たるみ方向に伸びる北西～南東方向に、火口を複数開口させ、火山灰を約150㎞離れた群馬県前橋市まで降らした。新たなマグマの噴出がない、水蒸気噴火であったが、噴出物の総量は約100万～130万トンと算出されており、水蒸気噴火の中ではやや大きめの噴火である。登山シーズン終了間際の早朝であったが、登山者は山中に30名ほどおり、そのうち十数名は山頂付近にいたと考えられている。しかし、負傷者は出たが、幸い死者行方不明者は発生しなかった。おそらく、噴火が徐々に始まったため、噴火のクライマックスの前に登山者が避難したからであろう。

29日以降も、しばらく火口から活発に噴気を上げ続け、火口から泥まじりの温泉が湧き出して下流の沢に流れ込んだりした。1980年4月18日には高さ500mの白色の噴煙を上げ、田の原までごく微量の降灰を伴う噴火が発生した。4月25日も噴煙がやや多くなり、山頂付近の雪面が灰色になった。しかし、1981年以降は噴気の勢いも弱くなり、泥水の噴出も収まり静穏化している。

1979年噴火の火口の一部は現在も噴気を上げており、その火口からは1991年、2007年にも少量の火山灰を出すようなごく小規模な噴火が発生した。

なお、噴火ではないが、1984年9月14日には御嶽山の南東麓を震源とする長野県西部地震による斜面崩壊が、御嶽山の南西側で多数発生し、29名の方が亡くなっている。特に伝上川上流の尾

図4-47　田の原から望む伝上川（御岳）崩れ

根が大きく崩れ、岩屑なだれが発生した。この崩壊は「御岳崩れ」ないし「伝上川崩れ」などとよばれており、今も登山口である田の原から、そのときにできた大きな崩壊地を見ることができる（**図4－47**）。

２０１４年噴火は９月27日11時52分30秒ごろ、大きな爆発音もなく始まった。噴火開始とほぼ同時に地獄谷内とその周辺に新たに火口が開き、そこから多くの噴石を吹き飛ばすことで死傷者が多数発生し、低温の火砕流も発生した。最大規模の活動が噴火開始とほぼ同時に発生したことが特徴である。噴出物は粘土質の火山灰と既存の山体を構成する岩石からなり、１９７９年噴火と同じく新たなマグマの噴出は認められない水蒸気噴火であった。噴出の総量も、１９７９年とほぼ同量の約１００万トン（60万～１４０万トン）である。

この噴火の直前に、一部のマスコミは登山者の証言を基

図4-48　2014年噴火口。2014年9月28日、南側から望む

に噴火前に噴気の増大などの異常があったと報道したが、現地に詳しい地元のガイドや山小屋関係者の証言によると、体感できるような噴気の増大はなかったそうである。さらに、噴火当日の午前には確かにガス臭はしたが、風向きによっては同じぐらいの臭いがすることがよくあることから、異常な火山ガス臭とは考えにくいとの証言も得ている。そのため、噴火前に体感できるような前兆はなかったようだ。

２０１４年の噴火は、１９７９年火口列の南側に、東から西に、奥の院下の谷底、地獄谷内、一ノ池西側の斜面の大きく三つの領域に新たにできた火口から発生した（図4－48）。そのうち、地獄谷内につくられた複数の火口が最も活発で大きく、そのうちの一つは谷の側壁を大きくえぐり、２０１９年現在も活発な噴気を上げている（図4－49）。

図4-49　破線の内側が2014年の噴火で吹き飛ばされた部分。2019年10月９日、剣ヶ峰付近から撮影

2014年噴火は、登山者や山小屋関係者からの聞き取りや撮影された映像から、①新たな火口が開口し噴火が開始。②噴火開始とほぼ同時に低温の火砕流が発生し、同時に多量の噴石も火口から放出。③火砕流の発生が終了した後、噴煙が高く上昇し最高高度に到達。そのころから火山灰まじりの泥雨が降る。④火口から熱水があふれ出し、火口噴出型泥流として地獄谷を流下、といった順で進んでいったことが判明している（図4-50）。噴火は開始期が一番大きく、その後、だんだん勢いが弱くなり終了したと考えられる。火砕流の噴出と多量の噴石の降下は、噴火開始から20分ほどで終了した。

1979年の噴火も同規模であり、数は少ないながら火口付近の山頂に同じように登山者がいたが、死者はでなかった。今回の噴火で死者行方不明者が多かった原因は、噴火のクライマックスが、1979年噴火と異なり開始直後で逃げる時間がわずかであったこと、山頂部が火砕流に覆われ視界の悪い中、多数の噴石が降ってきたため逃げるに逃げられなかったことなどであろう。さらに、登山者が多く集まる紅葉時期の週末に噴火したこと、多くの人が留まる山頂付近に火口が開口したこと、噴火発生時がお昼どきで多数の人が山頂付近にいたこと、事前に火口周辺の立ち入り規制も行われなかったことなどが重なって、火口付近に人がたくさんいたことも被害を拡大させた。

なお、山頂付近には、当時複数の山小屋があった。これらの山小屋は木造であったが、外で負傷

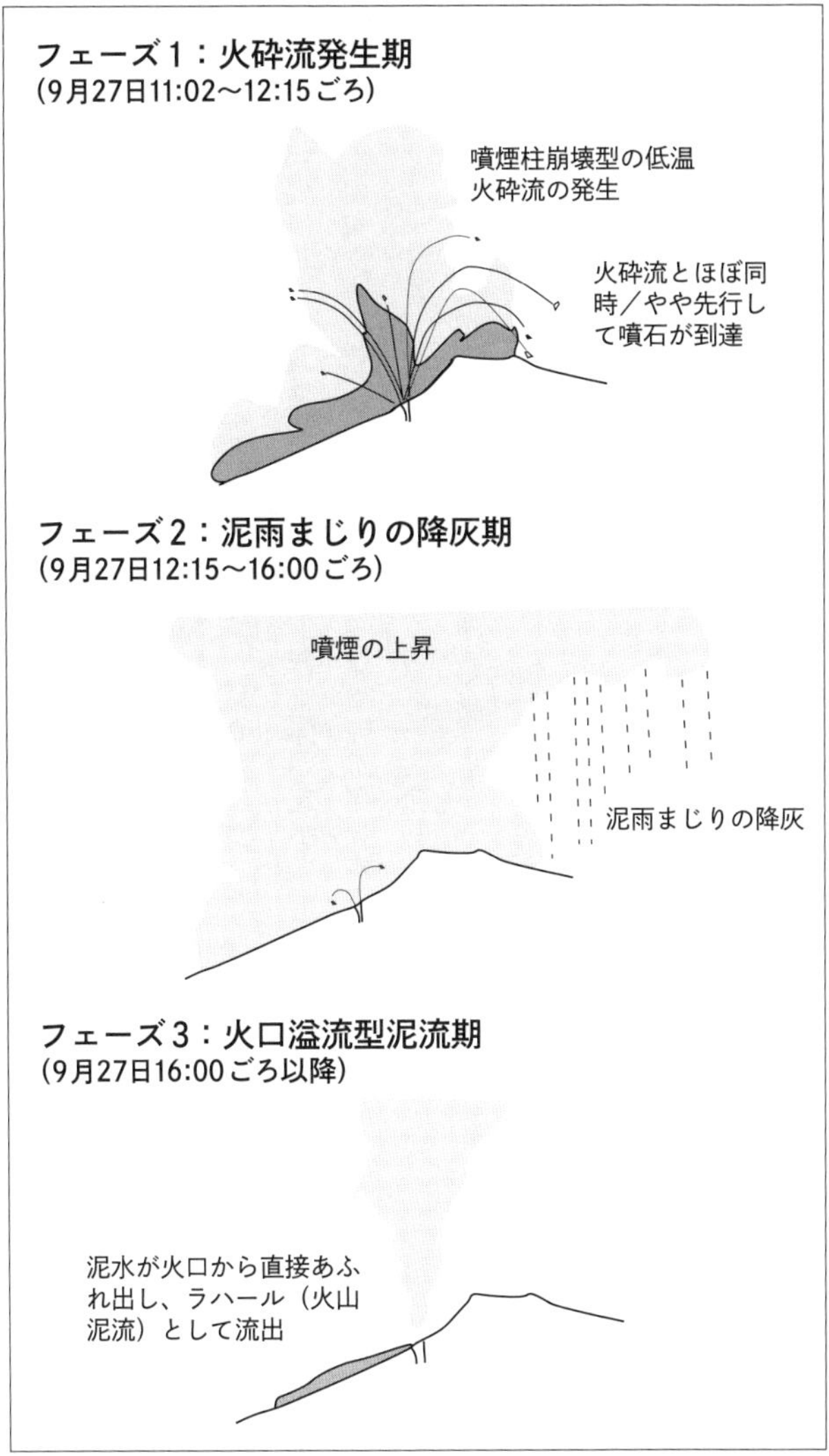
フェーズ1：火砕流発生期
(9月27日11:02〜12:15ごろ)
噴煙柱崩壊型の低温
火砕流の発生
火砕流とほぼ同
時／やや先行し
て噴石が到達
フェーズ2：泥雨まじりの降灰期
(9月27日12:15〜16:00ごろ)
噴煙の上昇
泥雨まじりの降灰
フェーズ3：火口溢流型泥流期
(9月27日16:00ごろ以降)
泥水が火口から直接あふ
れ出し、ラハール（火山
泥流）として流出

図4-50　2014年噴火の推移

した人以外に、山小屋に逃げ込んでから死亡した人はいなかった。これは木造の山小屋でも噴石を防ぐ効果があったことを物語っている。突発的な噴火の際、木造の小屋でも逃げ込めば、助かる確率が高くなるので、もし遭遇したら素早く避難してほしい。

２０１９年現在、降り積もった噴出物は洗い流されつつあり、山頂部でも噴火の痕跡はだいぶ失われてきている。しかし、剣ヶ峰の南側の地獄谷周辺では今も噴気活動が活発だ。地獄谷の中の２０１４年火口からはゴウゴウとジェット音を伴いながら活発に噴気が吹き上がっている。活発な噴気孔近くの剣ヶ峰に登るような場合は、気象庁が発表する情報などを参考にして、注意しながら登ってほしい。また、御嶽山にかぎらず、万が一突発的な噴火に遭遇したら、いち早く身を隠せる場所に逃げ込むことが、助かる可能性を高める。ぜひそのような行動を心がけてほしい。

霧島山

たくさんの火山

南九州、宮崎・鹿児島県境にある霧島山も大きな火山だ。この火山は、富士山型の一つの目立つ円錐形の峰からなる火山ではなく、いくつもの火山が群れをなして一つの大きな山塊をつくっている。しかも一つ一つの火山は、それなりに大きく、独立した山をなす。主要なピークだけでも栗野岳（１１０２ｍ）、飯盛山《いいもり》（８６４・４ｍ）、白鳥山（１３６３ｍ）、甑岳《こしき》（１３０１・４ｍ）、韓国岳《からくに》（１７００・１ｍ）、夷守岳《ひなもり》（１３４４・１ｍ）、大幡山《おおはた》（１３５２・５ｍ）、大浪池《おおなみ》（１４１１ｍ）、新燃岳《しんもえ》（１４２１ｍ）、中岳（１３５０ｍ）、矢岳（１１３１・７ｍ）、高千穂峰（１５７３・６ｍ）などいくつもある（**図４－51**）。それらの裾野は一体となり、一つの大きな山塊をなす。そのため実は霧島という山はなく、山域全体が霧島山とよばれている。

霧島山をつくる山々はいずれも個性的だ。深田久弥は『日本百名山』で、西の高千穂峰を霧島山の盟主とした。確かに高千穂峰は尖った山頂をもつ山らしい山で、遠くからでも目立つピークだ。

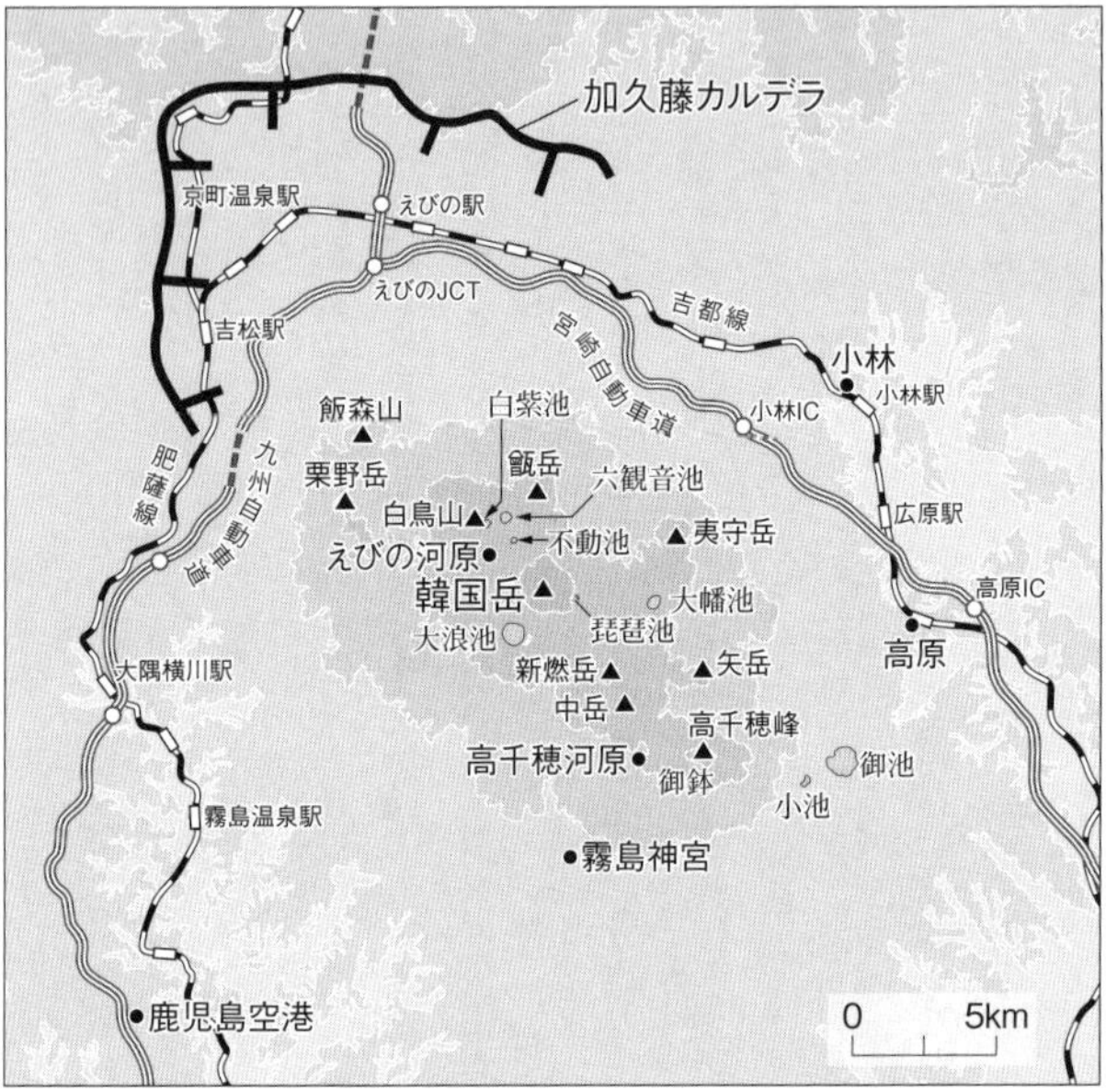

図4-51　霧島山と加久藤カルデラ

しかし、霧島山には、九州指折りの高さを誇る最高峰の韓国岳や、２０１１年、２０１８年と相次いで噴火した新燃岳（**図４－52**）など個性豊かな山々がつらなる。これら個性がどういった火山活動で生まれたか述べてゆこう。

たくさんの火口、火口湖

霧島山の個性は、なんといってもたくさんの大きな火口だ。山上のあちこちに直径１００ｍを超えるような窪地がたくさんある。これらはすべて火口だ。特に白紫《びゃくし》池、六観音《ろっかんのん》御池《みいけ》、不動池、大浪池、琵琶池、大幡池、小池、御池《みいけ》などは、いずれも火口に水が溜まった火口湖だ（**図４－51**）。そのほか、山域最高峰の韓国岳や、高千穂峰山頂西側の御鉢などにも、水は溜まっていないが大きな火口が口を開けている。このような大きな火口がひしめきあっている景観は、日本ではほかになく、世界的にも珍しい。なお、新燃岳山頂の火口内にも、かつてはエメラルドグリーン色の池があったが、２０１１年の噴火によって流出した溶岩によって消滅した。

これら火口は、韓国岳や高千穂峰に登ることでも観察できるが、えびの高原の周辺には、白紫池、六観音御池、不動池などの火口湖をめぐる池巡りというトレッキングコースが設定されており、気軽に多くの火口湖を巡ることができる。それぞれの火口の直径は２５０～６００ｍほどと比較的大きく、富士山山頂の火口（直径７００ｍほど）と遜色のない大きさである。また、池巡りコースのすぐ隣の甑岳の山頂には、直径４５０ｍほどの火口があり、その中は霧島山最大の高層湿原となっていて、池塘《ちとう》も認められる。このような大きな火口が狭い範囲に密集しているところを手軽にまわれるところは、国内でも珍しい。なお、池巡りコースの起点となるえびの高原には、環境省のビジターセンターである「えびのエコミュージアムセンター」もあり、火山としての霧島山の成り立ちや地域に特徴的な動植物に関する展示、火山・登山情報の発信などが行われている。

池巡りコースの途中の白紫池は、温暖な南九州に位置するにもかかわらず、高地にあることや水深が約１ｍと浅いことから、冬には湖面全面に氷が張ることがある。そのため、古くからスケート

図4-52　北西上空からの新燃岳の2011年1月27日の噴火

リンクとして利用されていた。ただ、近年は氷が薄く、ないし凍らない年もあることから、現在はスケートリンクとしては使われていない。しかし、1997年以降は近くに人工の「えびの高原屋外アイススケート場」がオープンしたため、そちらの野外リンクでスケートができる。ちなみに、霧島山で最も深い湖は、高千穂峰の東麓にある御池で、水深93・5mである。この御池は、4600年前に起きた大噴火でつくられた火口で、この噴火は霧島火山において最大の爆発的噴火であった。

加久藤カルデラ

大きな火口がひしめき合っている山、霧島山は、カルデラの上に成長した火山でもある。九州といったら阿蘇カルデラや錦江湾（鹿児島湾）北側の姶良《あいら》カルデラなどが有名だが、霧島山の下にも二つのカルデラが隠れている。それは小林カルデラと加久藤《かくとう》カルデラだ。特に、小林カルデラより後にできた加久藤カルデラは比較的はっきりした地形を残している。宮崎県えびの市の街や京町温泉などがのる平坦な地形は、巨大な噴火によって加久藤カルデラが落ち込んだ底に広がる平地だ。その北側の矢岳高原などをのせる山々は落ち込まなかったカルデラの外側、外輪山であり、カルデラの内側の壁は急峻な崖となっている。その急峻な崖を登る国道はループ橋、鉄道であるＪＲ肥薩《ひさつ》線はスイッチバックを駆使して壁を越えていく。壁を越えていくところからは遠くが見渡せる。そのためＪＲ肥薩線の車窓からは、田園風景の向こうに雄大な霧島山が広がる絶景が望め、日本三大車窓の一つといわれている。

加久藤カルデラ（**図４－51**）は、約34万年前の巨大な噴火でつくられたカルデラである。周囲に膨大な量の火砕流を噴出して、空洞になったマグマ溜まりに台地が落ち込んでつくられた。加久藤カルデラがつくられたときにまき散らされた火山灰は、遠く、八ヶ岳山麓でも認められ、そこでは八ヶ岳の火山噴出物に厚さ10㎝程度の火山灰層として挟まれている。このようにしてつくられた加久藤カルデラ内には、長期間にわたり湖があったようだ。カルデラ形成後、その南側に霧島火山が成長したため、その噴出物でせき止められて誕生した大きな湖が、およそ３万年前まで存在した。

現在の霧島火山をつくる主な峰々は、加久藤カルデラ形成後にその南側で成長した火山である。

なお、霧島山の山頂や南山腹の各所から、錦江湾と桜島が一望できる。薩摩半島と大隅半島に挟まれ丸く湖のような錦江湾が手前に、その向こうに桜島が噴煙を上げている景色は雄大で、南九州を代表する景観だ。この湖のような錦江湾北部の窪地もまたカルデラによってつくられた地形で、約3万年前に噴火してつくられた姶良カルデラがこの窪地である。錦江湾の周囲の広く平坦な台地、鹿児島空港などがのる台地は、この姶良カルデラ形成時に噴出した入戸火砕流堆積物が周囲の山々を埋め尽くしてつくった台地である。いわゆる「シラス台地」であり、シラスである入戸《いと》火砕流堆積物は、錦江湾周辺や霧島山山麓にある土取場で採掘されている。霧島山の周辺では、土取場などで白くのっぺりとした軽石を含む厚い地層が観察できるが、それがシラスである入戸火砕流堆積物だ。このカルデラを形成した噴火による火山灰は、姶良Tn（AT）火山灰とよばれ、日本列島全域に降り積もり各所で観察できる。そのため、ある地域でAT火山灰が見つかると、それが挟まれる地層が約3万年前であることがわかるため、地質学的に大変便利な火山灰となっている。

なお霧島山の南中腹にある霧島温泉あたりからも、姶良カルデラと桜島を一望できる。温泉を楽しみながら、大昔の大噴火に思いを馳せるのもよいのでは。

活火山としての霧島山

このように古くから噴火活動を続けている霧島山は、最近でも活発な活動を続けている。日本アルプスや日高山脈の各所を氷河が覆っていた氷期が終了した時代、最新の地質時代でもある完新世(ここ約1万2000万年間)に活動した山や火口は、不動池、硫黄山、大幡山、新燃岳、中岳、高千穂峰、御鉢、御池とたくさんある。完新世に活動した火山は活火山であるため、霧島山にはたくさんの活火山があることになる。気象庁は、活火山としては山域全体を一つと数えて霧島山としているが、先にあげた峰々は大きく、一つ一つが立派な活火山だ。

このように霧島山は複数の峰々が最近も噴火を繰り返しているので、警戒すべき火口(山)がいくつもある。そのため、気象庁は火山名としては一つの名前を使っているが、噴火警報などはそれぞれの山に細分して発令している。このうち、ここ数百年間も噴火を繰り返している火山として、硫黄山、新燃岳、御鉢があげられる。

かつて常に煙り立つ山、御鉢

霧島山は古くから信仰の対象で、山を祭る神社が多数ある。そのうち主なものは霧島六社権現とよばれ、それらは霧島神宮、霧島東神社、狭野《さの》神社、東《つま》霧島神社、霧島岑《みね》神社、夷守《ひなもり》神社などであ

る。このうち、鹿児島県霧島市にある霧島神宮は薩摩藩主の島津家に厚く信仰され、３００年前につくられた国指定重要文化財である荘厳な社殿が今も残る。これら神社の信仰の中心は、高千穂峰とその東肩にある御鉢の火口である。高千穂峰の西側の登山口である高千穂河原には、御鉢を遥拝する鳥居があり、現在も火口が信仰の対象となっていることがわかる。なお、狭野神社は皇子原《おうじばる》という地に祭られているが、御祭神は神武天皇だ。神武天皇が皇子のころ、ここで過ごしたという伝承から、この地が皇子原とよばれている。

高千穂峰は山頂が円錐形に尖った山であるが、その両側の東西に肩のように突き出た峰があり、まるで山という漢字のような形の山容をなす。その東側の肩が二子石、西側の肩が御鉢とよばれる峰だ（**図4－53**）。この高千穂峰は、遠くからも目立つため、最高峰ではないが霧島山の盟主的な存在としてあつかわれている。深田久弥の『日本百名山』でも霧島山の項は、ほとんど高千穂峰の説明にあてている。また、焼酎の売り上げで２０１３年から6年連続日本一を誇る霧島酒造の人気焼酎銘柄「白霧島」、「黒霧島」、「赤霧島」のラベルにも高千穂峰が描かれている。まさに霧島山のシンボル的な山だ。

高千穂峰も完新世に活動した活火山であるが、その肩に

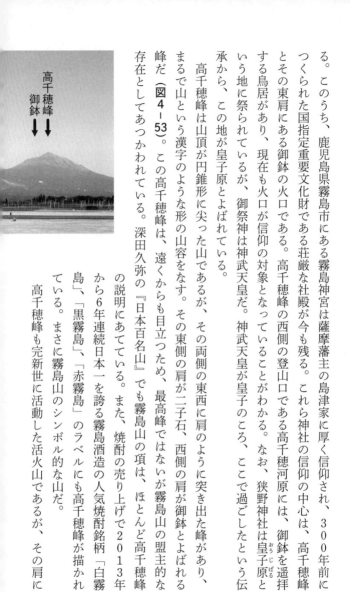

図4-53　鹿児島空港からの霧島山

ある御鉢は平安時代から活発に噴火を繰り返している火山だ。御鉢の山頂には直径500mほど、深さ200mほどの大きな火口がある（図4-54）。この御鉢は、ごく最近は噴火していないが、桜島など活動的な火山が多い南九州の中でも、指折りの活発な火山だ。しかも、8世紀の平安時代の778（延暦七）年と13世紀の鎌倉時代の1234（文暦元）年に発生した、たった2回の噴火で、この御鉢の高まりができたのだ。

この2回の大きな噴火のうち、13世紀に起きた噴火のほうが大きかった。この噴火で降ってきたスコリアは、風に流され東側に厚く積もり現在の宮崎県高原町《たかはる》でよく観察される。そのため、高原スコリアと名づけられている。御鉢に登ると、火口内に何枚かの岩の層が認められるが、地表付近のものを除くほとんどの層は、13世紀の噴火で降り積もった噴出物である。現在の御鉢の高まり、少なくとも

200m弱の高まりは、13世紀の噴火で一気につくられたのである。

また御鉢そのものは、その前の8世紀の噴火によって誕生した。火柱を立てながら地響きを立てて多量の噴出物をまき散らす、大規模な噴火により目の前に突然山が現れたわけだから、古代から中世の人々は、「これは祭らないと」と思ったであろうことは想像に難くない。霧島山が信仰の対象となり、御鉢が神聖視されているのは、まさに火山活動に畏怖して祭ったためであろう。

御鉢は江戸時代以降も比較的小さな噴火が繰り返し発生している。小さいといっても火口から数kmも大きな火山弾をたびたび飛ばすような噴火を行っている。南九州には活発な火山が多い。今は常に噴煙を上げている活発な火山の代表はなんといっても鹿児島市にある桜島であろうが、実は江戸時代から20世紀初頭までは、霧島山のほうが常に煙り立つ山であった。古地図には火山に噴煙が描かれているものがある。古地図の数は江戸時代になると飛躍的に増えるが、そのような江戸時代の古地図を見てみると、現在常に煙り立つ山である桜島には噴煙が描かれていないことが多い。その一方、霧島山の御鉢には多くの古地図に噴煙が描かれている。桜島と御鉢が一枚の地図で描かれている場合でも、御鉢のみに噴煙が描かれていることが多いのだ。つまり江戸時代の人は、南九州で活発に活動している火山といえば、桜島ではなく御鉢であると認識していた。江戸時代の常に煙り立つ山は霧島山であったのだ。

図4-54　御鉢の噴火口

桜島が現在のように頻繁に噴火するようになり、常に噴煙を上げるようになったのは、1955年以降である。それ以来、今（2020年）に至るまで数日間隔から毎日のように噴火しているのは驚きだが、それ以前は今日のように頻繁に噴火してわけではない。その一方、御鉢は少なくとも16世紀ごろから数ヶ月から数年、長くても数十年間隔で噴火を繰り返してきた（**図4－55**）。火山活動は1923（大正12）年以降は途絶えたが、再び活発な噴火する可能性がある山だ。そのような活動で飛ばした大きな火山弾は、火口から2km以内の山林にいくつも残っているし、登山道の通る御鉢の火口縁でもいくつも観察できる。火口縁の登山道沿いでも、直径数mを超えるパン皮状火山弾がいくつも転がっている（**図4－56**）。

山の版画家として知られる畦地梅太郎著『山の眼玉』には、高千穂峰の登山記が収められている。これは、おそら

図4-55　絵はがきに残された明治時代の御鉢の噴火

図4-56　御鉢の火口縁に転がる火山弾

く太平洋戦争後に登ったときの様子を記したものであろうが、その中で、同行者が御鉢の噴火を心配している様子を記している。これは、彼がべつに心配性であったのではなく、当時はまだ大正12年まで活発に活動した記憶が生々しかったためだろう。

このように御鉢は歴史時代にも活発に活動を続けたため、霧島山を祭る神社は、噴火によってたびたび焼失し、その位置を変えた。霧島六社権現のいくつかの神社は、もともと御鉢の火口の近くにあったものが、度重なる噴火で被害を受けたため、里に降りてきて現在の位置で祭られたと伝承されている。特に、鹿児島県側の霧島市にある霧島神宮は、かつて高千穂峰と御鉢の鞍部にあったが、噴火による被害を受け高千穂河原に移り、その後再び13世紀の噴火で焼失したため、現在の位置に移動してきたと伝えられている。

新燃岳

名前のとおり、新たに燃えた岳であるから新燃岳と名づけられた山である。今からおよそ３００年前の18世紀の江戸時代、享保年間である１７１６～１７１７年に大きな噴火を起こし、山麓に大量の軽石を厚く降り積もらせた。この噴火の規模は、同じ18世紀の浅間山天明噴火と同程度であったが、当時の中央の江戸から遠く離れたところで起きたこと、死傷者が天明噴火より少なかったことなどから、それほど有名ではない。しかし、多量の軽石が降り積もったため農地が荒れ果て、寺社や家屋が炎上するなど多大な被害が生じ、火山灰は遠く八丈島まで降った。また、火口周辺では火砕流も発生した。この享保噴火は、新燃岳の数千年ぶりの大規模な噴火であったため、当時の人は「新たに燃えた」と感じたのだろう。そのためか、新燃岳の呼称は、この享保噴火以降に使われるようになった。

なお、このときの記録を丹念に読むと、当時の人たちも物事を客観的に記録しようと努めていることがうかがえる。九州南部では、小さな孔《あな》がたくさん空いた火山噴出物、今日では軽石とよばれるものを「ボラ」とよぶ。この「ボラ」と緻密な「石」を分けて記録しているし、粗い火山灰を「砂」、細かい火山灰を「灰」とも分けて記述している。近代科学が輸入される以前ではあったが、江戸時代でも物事を正確に記録しようとする精神が感じられる。

享保噴火以降、再び眠りについた新燃岳は、およそ300年後の2011年1月26日に本格的なマグマ噴火を行い、高く噴煙を上げ多量の軽石を降らせた。

2011年の噴火は、享保噴火にくらべると一桁規模の小さい噴火で、その噴出物量は千万㎥オーダであった。しかし、近くの宮崎県第二位の人口をもつ都城《みやこのじょう》市に最大で厚さ5㎜程度の軽石を積もらせたため、大きな混乱が生じた。戦後の日本の近代都市に軽石がまとまって降ったのは、こ

図4-57　登山道を埋め尽くす2011年噴火の軽石層。高千穂河原北東の登山道にて

の噴火が初めてである。しかし幸い降り積もった軽石の厚さはそれほど厚くなかったため、深刻で長期的な混乱は生まれなかった。過去の日本列島では、火山から数十km離れたところに、数十cmから1m以上もの厚さで軽石が積もる噴火がたびたび発生している。もし、近代都市が軽石で厚く埋め立てられたら、どのような混乱が生じるであろうか？　幸い我々は、そのような経験はまだないが、火山の近くの都市では、いつかは経験する出来事である。それに備えることは重要だ。

２０１１年噴火は、軽石を降り積もらせた後、1月28日から溶岩が流出し、1月31日には山頂にある直径８００ｍあまりの火口を埋め尽くした。その後の２０１１年２月１日から、大きな石を飛ばすような爆発的噴火を繰り返したが、２０１１年９月７日

図4-58　新燃岳2018年噴火で流れ出た溶岩。2018年3月28日撮影

の噴火を最後に、活動を停止した。この噴火による白い軽石は、今もあちこちで観察できる。特に、御鉢などの登山口になっている高千穂河原の周辺では、地表付近を厚く覆っている（図4－57）。

２０１１年噴火は、そこそこ大きな噴火であったため、しばらくは大規模な噴火は発生しないのではとも考えられていたが、なんとわずか6年後に再び同程度の規模の噴火が発生した。その噴火は２０１7年10月11日に始まり、10月17日には一旦終了した。このときは周囲に火山灰を数日まき散らすだけであった。その後しばらく噴火は発生せず静かな状態であったが、２０１８年3月１日に再び似たような火山灰を放出させる噴火が発生し、3月6日には火口底に溶岩が流れ出ているのが上空のヘリから確認された。この溶岩は、みるみる火口底を埋め立てて、３月９日には北西側の火口縁からあふれ出て、山腹へ流れくだった（図４－58）。溶岩の前進はゆっくりとだが一ヶ月ほど続き、その先端は火口縁から水平距離でおよそ１５０m離れたところまで流れくだった。

この溶岩の流出の詳しい状況を知るために、溶岩流出中に何回か、セスナ機から撮影した空中写真を基に立体モデルを作成して溶岩の体積を求めてみた。その結果、なんと溶岩が火口底に広がった直後と、溶岩が火口縁からあふれ出て、ほぼ前進が止まったときの溶岩体積は変化がなかったことがわかった。つまり、地下からの溶岩の流出は、溶岩が現れてから最初の数日で終了し、その後はまだ固まっていない溶岩が自重で変形してつぶれていくことで、火口縁から流れ出たのだ。溶岩の流出後、２０１１年噴火と同じく大きな石を飛ばすような爆発的噴火を繰り返したが、２０１８年６月27日の噴火を最後に噴火は発生していない。

このように、新燃岳の噴火は、生きている火山がダイナミックに大地を変化させていった。まさに火山活動によって目の前の景観がつくられていることが実感できた。

２０１９年12月には噴火警戒レベルが１に引き下げられたが、２０２０年１月に再びレベル２に上げられた。登山道の整備もまだ進んでいないため、中岳、新燃岳には登れない。しかし、登れるようになったら、中岳山頂では軽石によって埋められて植生が完全に破壊された様子が、新燃岳山頂では若々しい溶岩を足元に望むことができるであろう。なお、中岳の中腹までは今でも登れるので、軽石層に完全に埋もれなかったミヤマキリシマなどが枯死せず復活しつつあるのが観察できる。

えびの高原、硫黄山

霧島山の峰々に囲まれた、高く緩やかなえびの高原。この高原の東の一画に、小さな小さな火山、硫黄山が存在する。この硫黄山では２０１８年4月19日に小規模な噴火が発生した（図4－59）。噴火そのものは小さく新鮮なマグマのでない水蒸気噴火であったが、火口から泥まじりの熱水が湧き出し、それが川に流れ込んで川自体の水質を酸性に変化させた。そのため、川の水を灌漑に使っている田んぼなどに被害を及ぼした。噴火の規模はごく小さかったが、噴火孔や熱水の湧き出し口が県道すぐ近くに開いたため、２０１９年12月も噴気孔付近の立ち入りが制限されている。

この硫黄山は、山というより丘といったほうがいい小さな火山である。わずか３００年ほど前に誕生した霧島山で最も若い火山だ。若いゆえに小さいのだ。硫黄山は溶岩でつくられた小山であるが、これは16～17世紀間のいずれかの時期に流れ出た溶岩である。文書記録などに残る最も古い噴火は、江戸時代の１７６８年に発生した。この噴火は水蒸気噴火であり、規模も小さかったようであるが、火口から泥水が湧き出て川を流れくだり、麓の田に被害を及ぼし、２０１８年の噴火活動

図4-59　噴火前後の硫黄山（南側から）。上は噴火直前（2018年3月27日）、下は噴火後（2019年1月25日）。噴火は2018年4月19日に発生

と大変よく似た活動を行った。当時、鹿児島から偉い人をよび、噴火沈めの儀式を麓の神社で行ったという記録が地元に残っており、そこには、祈禱《きとう》の結果、無事噴火が収まったことが記されている。

その後の噴火はなかったが、少なくとも明治時代から1990年代までは、硫黄山とその周辺で活発な噴気活動が継続した。1961年までは硫黄の採掘場としても有名であった。噴気活動が活発であったことから、周囲には高木が少なく草原が広がる景観が生まれた。そこに生えるススキが火山ガスと反応して秋に赤くえびね色に染まることから、「えびの」の名がついたといわれている。しかし、この活発な噴気も1990年代後半から不活発になってきて、2007年には噴気活動はパッタリとなくなった。

その後、しばらく静かな状況が続いたが、2015年12月から噴気活動が再開し、徐々にその範囲を広げていった。2017年4〜7月にかけては、ジェット音を伴うような活発な噴気孔が複数生まれ、地温の高い範囲もさらに広がってきた（図4-59）。そして、2018年4月19日にとうとう噴火したのだ。

噴火そのものはごく小規模で、新たに火口は開いたが（図4-59）、噴石などはそれほど広い範囲にまき散らされたわけではない。しかし、火口から酸性の泥水があふれ出し川に流れ込んだため、川の水の白濁や環境基準値を超えるヒ素、鉛、フッ素などが検出された。そのため、その川の水から取水している田では２０１８年の稲作は行えなかった。その後、対策工事の実施や水質の改善が認められたことなどから、２０１９年には再び稲作を行うことができるようになった。このような、水蒸気噴火に伴って、火口から酸性の熱水があふれ出すことは、他の火山でもたびたび観察されている。それによる下流の農業や施設の被害は、ままあることなので注意が必要だ。

韓国岳のミヤマキリシマの謎

韓国岳は霧島山の最高峰で、標高１７００mを超える九州指折りの高峰である。高く展望に優れた山であることと、「韓国」という名前から、山頂より韓国が望めそうと期待されることもあるが、実際は見えない。この韓国岳は、ミヤマキリシマの群落がある山としても有名である。

ツツジの仲間であるミヤマキリシマ（**図4－60**）は、九州の山岳地を代表する植物だ。背の低い小さな樹木であるが、春の5～6月にかけてピンク色の花が咲き誇り、群生地では山の色が変わって見えるほどだ。また、背が低い低木であることから、群落地となっているところは、高山のハイマツ帯のような見通しが利く場所となり、高山帯に似た景観をつくる。

このミヤマキリシマは、通常、火山噴火により植生が破壊されたのち最初に生える、パイオニア植物である。そのため活火山では大規模な群生が認められ、霧島山も群生地として有名だ。特に、最近も噴火している新燃岳や御鉢などの周辺は、ミヤマキリシマの群生地となっている。このミヤマキリシマの群生地は、教科書的な植物群落の遷移にしたがうと、通常、数十年から数百年後は、高木からなる極相林の森となるはずである。つまり、噴火などがなく植生が大規模に失われなければ、通常は経年とともにミヤマキリシマの群落は他の樹木に置き換わり、数百年も経てば違う種類の木が占める森となるはずだ。

ところが、不思議なことに韓国岳の山頂部には、ミヤマキリシマが群生している。韓国岳に登ると、標高1500m前後を境に山頂側はミヤマキリシマなどが群生する低木主体の植生となり、高山帯のような見通しのきく景観が広がる。植生の専門家などの解説では、韓国岳の山頂付近でこのような景観が広がるのは、最近の火山活動により最近植生が破壊されたうえ、独立峰で強風が吹くため極相林をつくるような高木が侵入できないためと説明されている。

しかし、韓国岳で最後の噴火が発生したのは、約1万6700年前である。それ以降、山頂周辺の植生を広く破壊するほどの噴火は起こっていない。近隣の火山の噴火によって植生が著しく破壊された可能性もあるが、山頂部全域が20㎝以上の厚さで噴出物に覆われたのは約4300年前に近隣で発生した噴火のみで、かなり昔だ。つまり、通常であれば極相林に移っていてもおかしくない

図4-60　ミヤマキリシマ

にもかかわらず、いまだにミヤマキリシマが群生している。

　このように最近噴火が発生していないのに、ミヤマキリシマの群落が残っているのは、不思議である。すぐ北側にある独立峰で、かつ同じ程度の高さの山、市房山《いちふさ》（１７２１ｍ）は、山頂まで高木に覆われている。そのため、高山の山頂部であるため強風が吹くことから高木が侵入できなかったと考えるのも難しい。

　ではいったいなぜ、この場所にミヤマキリシマしか生え

図4-61　韓国岳山頂の大きな火口

ることができていないのだろうか。その理由として、韓国岳の標高が高いことに加え、今より寒冷な氷期の約1万6700年前に最後の大きな噴火が発生し、山体全域の植生を破壊したことが原因である可能性がある。

この1万6700年前の噴火は、大変大規模で、山頂の大きな火口（図4－61）はこの噴火でつくられたと考えられている。この噴火によって、多量の軽石が噴出して、火口から20㎞離れた地点においても厚さ1mほどの軽石層が降り積もった。このときの軽石層は、ちょうど韓国岳の北東にある小林市の街のあたりでよく観察されるため、小林軽石と名前がつけられている。新燃岳の2011年噴火の軽石層は、火口から10㎞離れた地点では厚くても5㎝ほどであったことからも、小林軽石をもたらした噴火は桁違いに大きな噴火だったことがわかる。この噴火により韓国岳は現在のような形になった。山頂

のすぐ脇に直径およそ８００ｍ、深さ約３００ｍの大きな火口があるが、小林軽石はここから噴出したのだ。

このような大きな噴火が発生したため、当時の韓国岳の山体や周囲に生えていた植生は壊滅状態になったのであろう。そのため暖かくなった現在、当時韓国岳の山腹や山麓に生えていたと考えられる、現在の韓国岳山頂付近に生息できるような冷涼な環境に適応できる樹木が、周囲に生き残っていなかった可能性が高い。氷期が終わり温暖な気候に変化した後も、山頂部に侵入できる高木が周辺に生えていなかったため、いまだにミヤマキリシマなどの低木の群落が残っている可能性はある。しかしながら、ブナなどの現在の山頂部のような冷涼な地域でも生息できる木々は、霧島山の山塊にはわずかに残っている。そのため、韓国岳でミヤマキリシマの群生が保たれている理由は、ここで述べた説でも完全に説明しきれない。現在の景観がつくられている原因については、さらに多角的な検討をしなければ謎は解けないであろう。

あとがき

火山は、深刻な災害も引き起こすが、我々の生活の基盤となる大地を生み出すなど、恵みもたくさんある。地球上で生きていくためには、火山と共生していく必要がある。本書をきっかけに火山に登り、それを改めて考えていただければ、幸いである。多くの火山は、活動しているより休んでいる期間のほうが長い。ぜひとも、火山が休んでいるときに、その恵みを満喫してほしい。

本書は、普及書であるので、わかりやすさを優先させた。そのため、各章ごとに拾い読みしても理解できるように、説明が重複している箇所もある。教科書的に整理された学術書を期待した方には申し訳ないが、その点ご容赦いただきたい。また、本書で紹介した研究は、なるべく最新の成果を使い、複数の説があるものは最も妥当であると筆者が判断したものを紹介している。ただし、研究というものは、新たな発見があれば、定説といわれていたものも覆るのが当たり前だ。今後の研究しだいで、本書の説が古くなる点もご承知おきいただきたい。また「御嶽山」は、以前は常用漢字の「御岳山」と書かれることが多かったが、２０１４年の噴火を境に岳の字を旧字で表記することが一般的となった。そのため、本書ではすべて「御嶽山」と表記している。

なお、執筆にあたり、さまざまな方の研究結果をたくさん利用させていただいた。また、今まで教えを受けた方々や共同研究者、調査の際にお世話になった方々、さまざまな機会に議論していただいた方々なしには本書は生まれなかった。共著者の山田久美さんと、山と溪谷社の佐々木惣さんには本書執筆のきっかけをつくっていただいた。紙幅の関係で、すべての方々の名前をあげられずに申し訳ないが、ここに記して感謝します。

２０２０年１月

及川輝樹

主な参考文献

■全体

産業技術総合研究所地質調査総合センター　地質情報データベース『地質図Navi』(https://gbank.gsj.jp/geonavi/)、『20万分の1日本シームレス地質図』(https://gbank.gsj.jp/seamless/)、「日本の火山」(https://gbank.gsj.jp/volcano/)／深田久弥『日本百名山』(新潮文庫)／気象庁『日本活火山総覧（第4版）』／気象庁ホームページ「知識・解説　火山」(https://www.data.jma.go.jp/svd/vois/data/tokyo/STOCK/kaisetsu/vol_know.html)

■第1章

武内正『日本山名総覧』(白山書房)／R. W. Le Maitre et al.『Igneous Rocks : A Classification and Glossary of Terms』Cambridge University Press, 2002.

〈コラム〉

鈴木（1994）地学雑誌 vol.103　p.595-596／E・ウインパー『アンデス登攀記』(岩波文庫)

■第2章

荒牧（1993）『浅間山火山地質図』地質調査所（現・地質調査総合センター）／古川・中川（2010）『樽前火山地質図』地質調査総合センター／Ishizaki, Oikawa and Okamura (2010) Jour Mineral. Petrol. Sci., vol.105 p.215-227／伊藤（1998）火山 vol.43　p.467-481／伊藤・土井（2005）『岩手山火山地質図』地質調査総合センター／石崎ほか（2014）火山 vol.59　p.185-206／川辺禎久（1998）『伊豆大島火山地質図』地質調査所（現・地質調査総合センター）／小林ほか（2013）『桜島火山地質図（第2版）』地質調査総合センター／中村（2007）日本鳥学会誌 vol.56　p.93-114／小坂・平林（1971）火山 vol.16　p.122-134／佐藤・和田（2015）火山 vol.60　p.159-166／諏訪・長宗・渡部（1971）火山 vol.16　p.112-121／山元ほか（2000）『20万分の1地質図幅「日光」』地質調査所（現・地質調査総合センター）／渡辺・星住（1995）『雲仙火山地質図』地質調査所（現・地質調査総合センター）

■第3章

警察庁『平成30年における山岳遭難の概況』(https://www.npa.go.jp/publications/statistics/safetylife/chiiki/H30sangakusounan_gaikyou.pdf)／警察庁『統計』https://www.npa.go.jp/publications/statistics/index.html／内閣府『活火山における退避壕等の充実に向けた手引き』(http://www.bousai.go.jp/kazan/shiryo/pdf/201512_hinan_tebiki3.pdf)／日本生産性本部『レジャー白書　２０１８』(生産性出版)／信濃毎日新聞社『検証御嶽山噴火』(信濃毎日新聞社)／火山学会編『安全に火山を楽しむために』(http://www.kazan.or.jp/J/doc/kazan_anzen_high_q.

pdf)／平林（2003）Jour. Mass Spectrom.Soc. pn., vol.51 p.119-124／山里（2005）火山 vol.50　p.S7-S18

■**第4章**

〈蔵王山〉

伴・及川・山﨑（2011）『蔵王火山地質図』地質調査総合センター

〈八ヶ岳〉

山口耀久『北八ッ彷徨』（平凡社ライブラリー）／石橋（2000）地球惑星科学関連学会予稿集 S1-017／井上・川崎・町田（2010）地理 vol.55　口絵、p.1-4、本文、p.106-116／河内晋平（1974-75）『蓼科山地域の地質　地域地質研究報告（5万分の1図幅）』地質調査所（現・地質調査総合センター）／河内晋平（1977）『八ガ岳地域の地質　地域地質研究報告（5万分の1図幅）』地質調査所（現・地質調査総合センター）／河内（1983）地質学雑誌 vol.89　p.173-182／川崎（2000）長野県埋蔵文化財センター紀要 no.8　p.39-49／川崎（2010）佐久 no.60　p.2-12／西来ほか（2007）地質学雑誌 vol.113　p.193-211／新田・齋藤（2019）火山学会2019年秋季大会講演予稿集 P.087／三村ほか（1982）地質学雑誌 vol.88　p.653-663

〈霧ヶ峰・美ヶ原〉

西来ほか（2009）火山 vol.54　p.61-71／向井・三宅・小坂（2009）地質学雑誌 vol.115　p.400-422／Oikawa and Nishiki（2005）火山 vol.50　p.143-148

〈北アルプスの火山〉

幸田文『崩れ』（講談社文庫）／吉村昭『高熱隧道』（新潮文庫）／Hasegawa et al.（2005）Tectonophysics, vol.403, p.59-75／原山（1994）地質学論集 no.43　p.87-97／原山ほか（2010）地質学雑誌 vol.116　p.63-81／原山ほか（2015）地質学雑誌 vol.121　p.373-389／Ito et al.（2013）Sci. Rep., 3, 1306／Ito et al.（2017）Sci. Rep., 7, 12457／中野（1989）火山 vol.34　p.197-212／中野ほか（1995）『乗鞍岳地域の地質　地域地質研究報告（5万分の1図幅）』地質調査所（現・地質調査総合センター）／中野（1998）地質学会第105年学術大会見学旅行案内書 p.89-103／中野ほか（2002）『白馬岳地域の地質　地域地質研究報告（5万分の1図幅）』地質調査総合センター／中野・奥野・菊川（2010）地質学雑誌 vol.116　p.S37-S48／及川・原山・梅田（2001）火山 vol.46　p.21-25／及川（2003）第四紀研究 vol.42　p.141-156／及川・原山・梅田（2003）火山 vol.48　p.337-344／及川ほか（2018）地球惑星科学連合2018年大会 SVC43-11／Spencer et al.（2019）Geophysical Research Letters, vol.46, p.1259-1267／Takada and Fukushima（2013）Nature Geoscience, vol.6, p.637-641／高橋ほか（1996）1996年度地球化学会年会講演要旨集 p246

〈焼岳〉

上高地自然史研究会『上高地の自然誌』（東海大学出版部）／

信濃毎日新聞記事『焼岳噴火直後の写真か　松本市立博物館所蔵の6枚』（２０１７年８月10日）／原山・河合（2011）大町山岳博物館『山岳を科学する　２０１１』p.11-14／長橋・里口・吉川（2000）地質学雑誌 vol.106　p.51-69／及川（2001）２００１年地球惑星科学関連合同学会 Qm-002／及川（2002）地質学雑誌 vol.108　p.615-632／及川・奥野・中村（2002）地質学雑誌 vol.108　p.88-102／及川・石崎・片岡（2010）地質学雑誌 vol.116　p.S49-S61／及川（2015）地球惑星科学連合２０１５年大会 SVC47-09／及川（2015）地質学会第１２２年学術大会講演要旨 T3-O-4／田村・山崎（2000）月刊地球 vol.22　p.693-698／植木・岩田・塚本（1998）第四紀研究 vol.37 p.411-418

〈御嶽山〉

萱原ほか編『木曽のおんたけさん』（岩田書院）／Kioka et al.（1998）Earth science (chikyu kagaku), vol.52 p.464-474／木村（1993）地球科学 vol.47　p.301-321／松本盆地団体研究グループ（2002）地球科学 vol.52　p.65-85／Matsumoto and Kobayashi（1995）Chem. Geol., vol.125, p.123-135／及川（2008）地質調査研究報告 vol.59　p.203-210／及川・鈴木・千葉（2014）科学 vol.84　p.1218-1225／及川ほか（2015）火山 vol.60　p.411-415／Oikawa et al.（2016）Earth, Planets and Space, 68:79／及川（2016）地質と調査 no.145　p.12-17／竹内ほか（1998）『木曽福島地域の地質　地域地質研究報告（５万分の１図幅）』地質調査所（現・地質調査総合センター）／竹下（2004）地質学雑誌 vol.110　p.158-174／竹下・三宅・酒井（2005）地質学雑誌 vol.111　p.417-433／山田・小林（1988）『御嶽山地域の地質　地域地質研究報告（５万分の１図幅）』地質調査所（現・地質調査総合センター）

〈霧島山〉

畦地梅太郎『山の眼玉』（ヤマケイ文庫）／河出書房新社編集部編『伊能図探検』（河出書房新社）／千葉ほか（2018）火山学会２０１８年度秋季大会講演予稿集 A1_01／舟崎・下村・黒木（2017）験震時報 vol.80　p.1-11／井村・小林（2001）『霧島火山地質図』地質調査総合センター／及川ほか（2012）火山 vol.57　p.199-218／及川ほか（2013）地質調査総合センター研究資料集 no.578／及川ほか（2018）火山学会２０１８年度秋季大会講演予稿集 p.105／筒井ほか（2005）火山 vol.50　p.475-489／筒井・奥野・小林（2007）火山 vol.52　p.1-21／田島ほか（2013）第四紀研究 vol.52　p.151-171／田島ほか（2014）火山 vol.59　p.55-75／田島ほか（2019）火山 vol.64　p.147-151

〈コラム〉

久野『火山及び火山岩』（岩波全書）

図表（特記の写真以外は、すべて筆者の及川が撮影）

■第1章

図1－4　上写真＝提供・撮影は中野俊氏。１９８６年11月16日撮影。下写真＝撮影・提供は永友武治氏。２０１１年１月27日撮影（産総研「日本の火山データベース」より）／図1－5　火山灰＝阿蘇中岳２０１４年11月の噴火。火山礫（岩片および軽石）＝桜島２０１５年１月の噴火。火山礫（スコリア）＝阿蘇中岳２０１４年11月の噴火／図1－6　広島県呉市倉橋町産／図1－7　長野県王滝村産

■第2章

図2－1　２００８年９月撮影／図2－2　正井義郎氏撮影（産総研「日本の火山データベース」より）／図2－3　２００７年11月撮影／図2－4　２００５年10月撮影／図2－5　２０１４年２月撮影／図2－6　２００２年３月撮影／図2－7　２００８年９月撮影／図2－8　左上＝乗鞍岳産、右上＝雲仙普賢岳産、下＝三宅島産／図2－9　提供・撮影＝中野俊氏。２００５年７月撮影（産総研「日本の火山データベース」より）／図2－10　２０１９年７月撮影／図2－11　火山噴出物の分布は山元ほか（2000）を基に作成。国土基本情報（国土地理院）を使用／図2－12　Ishizaki et al.（2010）、石崎ほか（2014）を基に作成。国土基本情報（国土地理院）を使用／図2－13　２０１９年６月撮影／図2－15　２０１１年10月撮影／図2－16　２０１１年10月撮影／図2－17　２０１９年９月撮影／図2－18　２０１６年７月撮影／図2－19　伴ほか（2015）より

■第3章

図3－1　気象庁ホームページのデータを基に作成／図3－3　２０１９年９月撮影／表3－1　平林（2003）に最近のデータを加えて作成／図3－5　火山学会リーフレット『安全に火山を楽しむために』を基に作成

■第4章

〈蔵王山〉

図4－1　伴ほか（2015）を基に作成／図4－2　２０１３年９月撮影／図4－3　２０１３年10月撮影／図4－4　２０１３年10月撮影／図4－5　２０１２年10月撮影／図4－6　伴ほか（2015）を基に作成

〈八ヶ岳〉

図4－7　西来ほか（2009）を基に作成／図4－9　２００２年３月撮影／図4－10　２０１９年８月撮影／図4－11　地理院地図（国土地理院）を使用／図4－12　井上ほか（2009）を基に作成／図4－13　２００２年３月撮影／図4－14　２０１６年５月撮影

〈霧ケ峰・美ケ原〉

図4－15　２００３年７月撮影／図４－16　２００３年６月撮影／図４－17　２００３年６月撮影／図４－18　２０１９年５月撮影

〈北アルプスの火山〉

図４－20　２０１５年５月撮影／図４－21　及川（2003）を基に作成／図４－22　２０１８年８月撮影／図４－23　中野ほか（2010）を簡略化／図４－24　及川ほか（2003）を簡略化。地理院地図（国土地理院）を使用／図４－25　提供・撮影は中野俊氏。１９９８年撮影（産総研「日本の火山データベース」より）／図４－26　２０１８年７月撮影

〈焼岳〉

図４－27　基図は地理院地図（国土地理院）を使用／図４－28　産総研「日本の火山データベース」詳細火山データ集「焼岳」を基に作成／図４－29　２００７年９月撮影／図４－30　産総研「日本の火山データベース」詳細火山データ集「焼岳」を基に作成／図４－31　及川輝樹所蔵／図４－32　及川輝樹所蔵／図４－33　及川ほか（2003）を基に作成。国土基本情報（国土地理院）を使用／図４－34　及川輝樹所蔵／図４－35　１９９７年６月撮影／図４－36　２００２年８月撮影／図４－37　２０１７年９月撮影

〈御嶽山〉

図４－38　地理院地図（国土地理院）を使用／図４－39　２０１９年10月撮影／図４－40　２０１８年９月撮影／図４－41　上＝２０１９年９月撮影。下左＝２０１８年10月撮影。下右＝２０１９年９月撮影／図４－42　竹下（2004）を基に作成／図４－43　撮影・提供＝竹下欣宏氏。２０１１年３月撮影／図４－44　及川ほか（2014）を基に作成／図４－45　２０１９年10月撮影／図４－46　及川輝樹所蔵／図４－47　２０１３年10月撮影／図４－50　及川（2015）Oikawa et al.（2016）を基に作成

〈霧島山〉

図４－51　地理院地図（国土地理院）を使用／図４－52　撮影・提供＝宝田晋治氏。２０１１年１月27日15時57分撮影（産総研「日本の火山データベース」より）／図４－53　２０１３年１月撮影／図４－54　２０１６年３月撮影／図４－55　及川輝樹所蔵／図４－56　２０１６年３月撮影／図４－57　２０１９年４月撮影／図４－60　２０１４年５月撮影／図４－61　２０１２年９月撮影

装丁＝渡邊 怜　図版作成＝北村優子（シグメディア）
編集＝佐々木 惣（山と溪谷社）　編集協力＝藤田晋也

及川輝樹（おいかわ　てるき）

信州大学理学部地質学科卒業後、信州大学大学院地球環境システム科学専攻修了。博士（理学）。専門は地質学、火山学、第四紀学。現在は産業技術総合研究所において地質図作成に従事し、全国の火山を対象とした地質学的研究を行なう。焼岳および乗鞍岳の火山防災協議会などに参加するとともに長野県防災会議の専門委員や日本火山学会の防災委員も務める。著書に『中部・近畿・中国の火山（フィールドガイド日本の火山）』築地書館（分担執筆）ほか。

山田久美（やまだ　くみ）

早稲田大学教育学部数学科卒業。東京理科大学大学院経営学研究科技術経営（MOT）専攻修了。20年以上にわたり、大学や研究機関を中心に、理工系の研究者や技術者に取材し執筆活動を行ってきた。手がけた書籍に『45分でわかる！明るい未来が見えてくる！最先端科学技術15。』『東京スカイツリー　天空に賭けた男たちの情熱』（ともにマガジンハウス）、『光の量子コンピューター』（編集協力、集英社インターナショナル）などがある。

YS046

日本の火山に登る　火山学者が教えるおもしろさ

2020年3月15日　初版第1刷発行

著　者　及川輝樹・山田久美
発行人　川崎深雪
発行所　株式会社　山と溪谷社
〒101-0051
東京都千代田区神田神保町1丁目105番地
https://www.yamakei.co.jp/
■乱丁・落丁のお問合せ先
山と溪谷社自動応答サービス　電話03-6837-5018
受付時間／10時～12時、13時～17時30分
（土日、祝日を除く）
■内容に関するお問合せ先
山と溪谷社　電話03-6744-1900（代表）
■書店・取次様からのお問合せ先
山と溪谷社受注センター　電話03-6744-1919
ファクス03-6744-1927

印刷・製本　図書印刷株式会社

定価はカバーに表示してあります

Printed in Japan ISBN978-4-635-51052-3